藝林舊影

玉齋鑒藏記

王南屏先生事略

王樸仁——著

中華書局

出版說明

　　宏觀地說，藝術是指人類對各種美的精神感受及形象表達。因此在人類的發展歷程中，藝術是不可或缺的，它存在於您所處的任何角落。我們甚至可以這麼說，沒有藝術，不成生活。而在人類浩瀚的藝術發展史中，中國的藝術精神和傳統中國人的藝術生活最為別具一格。

　　莊子說天地有大美。和西方藝術相比，中國人對藝術的追求不僅源於自然和生活，更渴望從哲學層面達到天人合一的至高境界。在中國傳統的美學觀念中，在對美的具象追求之外，更看重精神層面上的「格調、情趣和心源」；而無論是什麼樣的藝術表達形式，「意境、氣韻、神似」都是品評一件藝術品高下的終極標準。特別是在傳統的中國繪畫藝術中，伴隨着中國歷史文化綿延不斷的發展變化，「書畫同源」逐漸成為基本的美學理論共識。即：將抽象的文字表述和具象的繪畫直接融入在一個畫面之內；在有限的創作空間中將表達內心深處情感的詩文短句和客觀具象的天地萬物相互融通，從而實現「詩中有畫、畫中有詩；以文寫景、以景抒情」的獨特審美情趣。這在世界紛繁多姿的藝術表現形式中是絕無僅有、獨一無二的。中國傳統的文人和藝術家往往因為在對詩、書、畫、印的綜合追求中，相互滲透，逐漸融為一體。也正因為如此，中國的傳統藝術和藝術家的人格是分不開的。如果想了解中國藝術的精髓、神韻以及它內在的文化價值，所有和藝術創作相關聯的時代背景、人物事件、文史掌故都是最可寶貴的史料參考和研究佐證。

　　隨着中國經濟的飛速崛起，中國的文化藝術越來越被世人所重視。這不僅體現在中國學者對自身民族文化廣泛而深入的

學術研究中，也體現在海內外藝術品交易市場上有關中國傳統藝術品交易的突出表現上。市場的刺激和文化的推動逐漸使有關中國藝術，特別是有關中國的傳統書畫藝術的研究出版日顯重要。本局正是順應這一市場需求，本着弘揚中國優秀傳統文化的出版理念，和香港享有盛譽的藝術品經營機構集古齋聯手合作，以「藝林舊影」為名，推出這套有關中國文化藝術的開放性叢書。

本套叢書作者有的是學者、藝術家，也有的是收藏家和鑒賞家，均為一時之選。書中所結文字，舉凡文史掌故、書畫出處、拍場逸聞、藝林趣事，皆文字短小精悍、敍述親切生動、圖文並茂、雅有可觀。希望廣大讀者在筆墨捲舒之中，盡享藝術與人生之趣味。

香港中華書局編輯部

目錄

序一

我與樸仁的相識相知緣於本書撰寫之始。2005 年 10 月 31 日，樸仁夫婦萬里首赴上海博物館觀摩玉齋舊藏，包括乃父王南屏先生（1924－1985）捐贈的國寶級文物 —— 北宋王安石（1021－1086）行書《楞嚴經旨要卷》孤本、《龍舒本王文公文集》在內的數十件書畫。當時，樸仁即透露了其欲提前退休、專注蒐集其父書畫鑒藏資料並撰文集的計劃，是為初識。此後，我們相晤達十餘次，互覺十分投緣，我叫他「樸仁」，樸仁喊我「小凌」。至 2013 年 8 月 22 日我與樸仁一起在華盛頓觀畫，讓我難以相信的是，是次相聚竟成了我們的永別。

由於愛好相同，十餘年間，我們一起走過多地，留下了很多美好的記憶。無論在大英博物館、大都會藝術博物館、佛利爾‧賽克勒美術館、耶魯大學博物館、曼荷蓮女子學院、普林斯頓大學博物館、波士頓美術館等處賞畫，抑或拜訪前輩張充和（1914－2015）、翁萬戈（1918－）先生，期間包括我四赴 Amherst 樸仁居所留宿、共研其家藏的諸番情景，歷歷在目。尤為難忘的是 2007 年 11 月 6 日這天，是日上午我與樸仁夫婦、鍾銀蘭先生、謝小佩女士一行共赴大英博物館研賞元代謝楚芳《設色花果圖》卷等庫藏，下午觀摩佳士得預展，晚間於中國城共進晚餐時，樸仁告訴我那天是他五十五歲生日。朝夕相處的時光是短暫的，平日更多的是以電子郵件往來，樸仁的信一般很長，言辭中充滿了對我的信任，幾乎無話不談，除探討書畫外，亦包括家事。

愛笑、溫和、坦蕩、智慧，是樸仁給我的印象。而尤令我詫異的是，樸仁雖係物理學教授出身，然於書畫審美感覺頗佳，悟性極高，使人歆慕。判優劣、辨真偽、明是非，為從事

古書畫欣賞與研究的首務，它不僅是建構美術史的基礎，更是契合了藝術史的研究需要回歸藝術審美這一出發點。而樸仁初以視覺感觀出發，於作品好壞、筆墨高下之判斷基本準確，加之以「物理學家的求證精神」（樸仁語）勤於蒐集文獻、圖像進行考證比對，其結論亦多能得以印證。誠如英國形式主義美學家克萊夫·貝爾（Clive Bell 1881—1964）在《藝術論》中指出的，「欣賞藝術，我無須知道作者的生平。我斷定這幅畫比那幅好，實在不用歷史的幫助」（I don't need to know about the painter's life to appreciate his art. I assume one painting is better than another one, with no need to rely on the history）。這對於當今藝術史研究者易脫離對作品本身的感悟鑒賞，過多依賴社會學、人類學、歷史學等學科成果，運用所謂西方「新藝術史」的研究方法造成本末倒置而言，亦不乏啟示意義。

20 世紀上半葉之際的大規模中國文物聚散，是當今海內外各大公私收藏機構格局定型前的最後一次整合，具有鮮明的時代性。百餘年間，除龐萊臣（1864—1949）、葉恭綽（1881—1968）、吳湖帆（1894—1968）、張珩（1915—1963）、張大千（1899—1983）、王季遷（1906—2003）等留有著錄、題跋與出版物外，大量史料湮沒無聞，亟需挖掘。而樸仁此書可謂得天獨厚，以上海博物館、故宮博物院等公私機構的王南屏舊藏為基礎，並結合家藏玉齋遺稿，以及自幼與父相處的耳聞目睹，較完整呈現了玉齋的鑒藏成就、收藏態度與鑒賞要義等。更重要的是，是書籍由敍述極具代表性的王南屏收藏之路，對 20 世紀書畫流轉線路的重鎮，即上海、北京、香港、中國台灣、美國、日本等地區和國家的鑒藏圈史作出了彌足珍貴的梳理，

可謂小中見大，不妨視作一部近代書畫鑒藏小史。書中諸多首次披露的第一手掌故資料，也具有一定的填補空白作用。

　　本書篇章簡練、措詞樸素，對我而言，讀來格外親切，如晤樸仁。尤其讓我感受到樸仁與王南屏的父子情深，也更加理解了樸仁的人品學問實深受乃父影響。書中洋溢着樸仁對父親愛國情懷的敬意，他不僅詳述父親為保國之重器不失而頂住家庭經濟壓力付出種種犧牲的事實，且屢次欣慰與自豪地指出：玉齋所藏重要宋元書畫，幾無一件流失海外。對待學術，王南屏自信有己見，「不要人云亦云」，《功甫帖》事件中樸仁的直言發表，亦頗有父風；對待朋友，王南屏以堅守承諾、重義輕利著稱，即使己藏，也「不因個人利益而指鹿為馬」。書中也記錄了一些樸仁親歷並體會到人心叵測、世態炎涼的故事插曲，讓我明白樸仁燦爛笑容背後的淡定，是其豁達人生、超越世俗的一種體現。我十分幸運，在人生路上能有這樣一位異國忘年交，也感謝肯蘊女士實現樸仁的遺願及對我的信任。最後請允許我說一句遲到的話：樸仁，您一路走好！

凌利中

2019 年 4 月 30 日於上海博物館

2017 年秋，9 月下旬我應常熟博物館之邀，出席紀念王翬逝世三百周年《山水清暉 —— 虞山畫派繪畫國際學術研討會》。會後，赴廣州、香港、日本、台北等地。10 月 17 日起，應邀主持寧波博物館「寧波計劃」培訓系列講座六周，至 11 月 23 日。離開寧波後，又到上海、南京、北京作短暫逗留，至 12 月初才返灣區。這趟旅程出門了兩個多月。

返美後，過了一段時間，才突然聽聞王樸仁（1952－2017）過世的消息，享年六十五，為之驚愕不已！越年初，我設法與其長女樂怡取得聯繫，並見面進一步地了解情況，始得知樸仁於 10 月 16 日在午睡中安然與世長辭。頗為感歎人生之無常！

樸仁是物理學家，在美執教多年，於 2007 年退休。他的父親玉齋先生王南屏（1924－1985），是著名的書畫鑒藏家；樸仁雖自幼耳濡目染，然自謂在其父親二十周年忌時，才決心開始自修學習書畫賞鑒。數年後，他的第一篇書畫論文〈柯九思卒年重考〉，發表在香港中文大學的《中國文化研究所學報》（第 57 期，2013 年 7 月），承其寄示，可知他用功甚勤。雖然認識樸仁多年，但經常以電郵通訊和在每年一度的紐約亞洲周見面，還是近五六年以來的事，我們所談的也大多與書畫有關。他經常提到的是，他在寫一本關於他父親與書畫收藏的書。

今年初接到樸仁長女樂怡的電郵，說發現的書稿比原先預期的完整，擬由其母何肯蘊女士增訂後出版，並希望我也能寫一些與樸仁交往的簡短回憶。除了這些年與樸仁的交往，我曾於 1982 年夏隨先師李鑄晉教授，在香港拜訪過王南屏先生，

亦曾有一面之緣，因此義不容辭地答應了。

　　讀樸仁書稿，知其欲述南屏先生的生平、收藏經歷與品味。因此，所述書畫藏品基本上以入藏先後為經，藏品的來龍去脈為緯，所涉及的人與事鮮為人知，讀起來趣味橫生，有些書畫則兼附其考證，益增本書的學術性。尤其是，樸仁分析南屏先生在鑒藏鈐印的使用與區別，藉以推測所藏書畫等級之區分，更是觀察入微，非外人所能洞見也！坊間網上論南屏先生及其收藏的文章不少，但樸仁以先生之子所述之內幕聽聞，則非其他文章所能企及也！

　　在樸仁辭世的前五個月，他電郵告訴我有意釋出其所藏的李東陽《種竹詩》卷，並寫相關文章兩篇。這封電郵我曾示其家人，而其家人後來亦據以釋出，將此卷交紐約佳士得參與今年的春拍。紐約佳士得即以此卷作為春拍圖錄封面，拍前估價為 80－120 萬美金，現場買家激烈競價，最終以逾 450 萬美元成交，轟動一時。事後，據樂怡相告，其家人也都驚訝不已，並能想像其父亦當為之莞爾，此事令他們一家深受感動！

　　李東陽《種竹詩》卷能拍出如此出人意外的佳績，足見樸仁在書畫鑒藏取捨時機上判斷的敏銳，也間接地印證了其父南屏先生所說的歷來書畫等價，早晚會再看齊的，及藏家應多收書法和書法有關的畫之主張。南屏、樸仁父子在天之靈堪慰矣！

張子寧

2019 年 5 月 3 日

寫於美西東灣

卷一

玉齋初啟

玉齋印

大概每一個小孩子在學字之初都寫過一篇以《我的爸爸》為題的短文，但家中長輩故事當時不會明白，要待數十年後回顧細思才能了解。我對父親的收藏事跡也正是這樣，小時聽聞說不上一知半解，印象模糊，大半生對書畫有所好奇而認識甚淺，至近十年始有暇學習。今年（2015）一月，時值父親去世三十年，緬懷往事，就想到整合一些近年蒐集的資料，把兒時作業題目重寫一過，以作紀念。

父親生於 1924 年，原籍常州，1937 年隨祖父移居滬上，至 1948 年旅港從商，1975 年在南加州添置別宅，作晚年移居美國之計，後因家人不睦而放棄計劃，1982 年後不再赴美加探望子女，決定留居香港，1984 年遷居龍園新宅，惜為心臟病赴美醫療，翌年初在加州史丹福大學醫院手術後不復甦，兩日後辭世。

父親生前賞鑒書畫眼光在香港頗為人所重，是精英收藏家集團「敏求精舍」（1960－）早期成員，集團舉辦藏品展覽，屢任書畫小組遴選委員，又常為會內外入門同好作專題演講，也曾接受電視台訪問澄清張大千作品真偽，與海內外學者多所交流，對培養後學尤其熱心。藏品常存香港中文大學作研究教材，亦常外借作學術性展覽出版用。1973 年中文大學成立十周年，借所藏南宋原刻原裝《文苑英華》殘本一冊（卷 201－210），限量複製五百冊。1975 年與南華印刷公司合作編輯《明清書畫選集》，以自藏作品為主，供同好參考，這類精印大型圖錄因價昂而銷量低，當時甚少刊行。1982 年東京大學鈴木敬彙編《中國繪畫綜合圖目》，輯錄東南亞十六家重要私人藏品，父親為其一，提供了十七件畫作的圖像。

14

隨着中國大陸的經濟發展，近年古代書畫文化研究復興，在網上常見到一些有關父親的資料。國人對先父的認識主要來自 1994 年耶魯大學出版《玉齋珍藏明清書畫精選》一書（下稱《玉齋圖錄》），另 2000 年鄭重撰《海上收藏世家》書中有〈王南屏的遺願：送「王安石」回家〉一章，（下稱〈遺願〉文），猶多傳頌。由於拍賣圖目的簡介在網上反覆轉載，傳襲時有訛誤。最常見是有不少拍賣公司一再介紹父親為崑山人，其實由父親常用的「武進王氏」藏印即知祖籍常州府武進縣（古稱毗陵，亦作毘陵），即清初大家惲南田（1633－1690）故鄉，亦因而特愛其畫，與崑山全無關係，也許毘崑二字相似而致以訛傳訛。此外也有傳言他將一些國寶級書畫售予海外各大博物館，全屬臆想虛構，他平生藏品精華早已回歸北京故宮和上海博物館（簡稱上博）兩大博物館，遺旨將王安石《楞嚴經旨要卷》與《龍舒本王文公全集》捐贈上博，只是尾聲，〈遺願〉文記述了國內事情始末，未詳海外波折及此前其他名作回歸。在故宮上博出版刊物中常見有父親鈐印的作品，外界對入藏因果並無所聞，家人間亦不甚了了，許多事情發生在我童年時代，近年得兩館提供資料協助查考，配合國內家人及個人記憶，才得以對父親的生平事略有一較為完整的認識。

我曾祖父是執教私塾的文人，與晚清常州大儒錢振煌（1875—1944，字名山，光緒廿九年進士）是姻親，曾祖姚為其妹。我祖父有林公（1900—1988）是獨子，因早年喪父而棄學從商，以助家計，始在棉布店工作，後入布廠當學徒，再與友人合作開辦小廠，到有了相當經驗和信心後遷上海發展，創建染織廠，由此而興家。

父親生母早逝，自幼由祖母錢氏撫養，日後在香港過年過節都不忘在家祭祀，小時在家只知常要拜祭「太祖母」，陰壽、忌辰、清明、過年，年年如是，也不知她是誰，多年後才明白是祖孫情深，在父親心中一直懷念。祖父在續絃後又得八子女，於1937年首行遷滬創業，家人仍留常州，隨後抗日戰事爆發，11月上海淪陷後戰線向南京西延，常州正夾在中央。父親當時才十四歲，作為長子，陪同祖母和繼母帶領着各弟妹反向東逃，避過了戰火到上海，與祖父重聚。當時上海既已被日軍佔領，反而比較穩定，工廠也在困境中得以續業漸進。

1939年無錫國專在上海設立分校，設五年制度可取錄高中未畢業的學生讀大學預科，經過面試後收錄了父親，1941年復旦大學由私立改為公立時轉升入校，完成了國文學位課程，1944年畢業後就參加管理廠務。機緣巧合，也是在這期間結識了鄰居的大收藏家葉恭綽，因而開始了收藏書畫，但四年後即遷往香港發展，所以在國內並不知名，至1985年卒後王安石兩件文物回歸，才漸為人識。由於此事經上博元老暨名畫家謝稚柳（1910—1997）從中安排，許多報道提到王謝二家有親戚關係，但實際關係兩家後人亦多不詳，要讀鄭重所撰《江南畫派第一人 —— 謝稚柳傳》一書才明白是通過錢名山的關係。簡

略而言，謝錢二族間有多重聯姻，所以謝王二家是隔一層的姻表親。謝叔公受學於名山公，與祖父作表兄弟相稱，稱曾祖妣錢氏為姑，所以日後與父親書信往來或品題書畫常稱「南屏賢姪」或「南屏老姪」，其實二人親屬關係頗遠，往還基礎主要是在書畫同好。

收藏之始

葉恭綽（1881－1968）原籍廣東番禺，在國民政府時屢任交通部行政高職，熱心文化事務，按葉氏年表記載，他在 1933 年推動建立上海博物館，到 1937 年 11 月上海淪陷後南歸居香港，1941 年杪香港被日軍佔領，遭監管在家，翌年十月申請回滬獲准，宅居建國西路五零六弄十四號，王宅就在二號。1942 年時父親還是個大學生，因仰慕大名而自行叩門求見，葉老受日軍監視，因避嫌而謝絕訪客，但與鄰居學生談天說地則無妨，閒居無事以書畫文物遣日，也樂得有個對文史藝術有興趣的人說話，兩人年紀相差四十二歲，卻成了忘年之交，相授心得有如師徒，父親得以飽覽其藏，對他一生有極深遠的影響。

1943 年葉老為了生計先把田宅和銅器售出，到翌年初再將書畫出手籌款百萬元分予家人，覺得父親「孺子可教」，可以託付保護文物，就將一部分次要的明清書畫價讓給他，當然背後的資助人還是祖父。此外葉老還為作介收集其他名作，其中最為燴炙人口的當數現存北京故宮博物院的米友仁《瀟湘奇觀圖卷》。1982 秋父親先後為「敏求精舍」「求知雅集」和「扶輪社」講解收藏與鑒定要義，存了手稿，1984 年時他開始計劃撰書，有暇偶加補充，有意作日後出版用，稿中一節自述了收藏之始：

> 1944 年冬，葉遐翁言有北方友人有小米畫卷出讓，價若干萬，詢予有意否。予瞠目不知所對，因實不知小米為何物也。遐翁乃為詳釋，並言小米畫存世甚少，為不可多得之寶，其意欲予收之，然又恐價高不勝耳。因其時予方於遐翁處得明清書畫數十事，尚不及宋元，遑

論米畫。然年少好勝,當即慨然應允。遐翁即書一函介持往見大中銀行王爾藩,代匯聯準票往北京(敵偽時期上海用儲備票,與北方政府幣制不同)。予既如言,然心頗湟杌,緣初次以高價收宋畫,不知所收為何物,亦無照片可觀,但憑遐翁一言耳。一日傍晚,遐翁摺柬來云:虎兒卷已來,盼即臨一觀。余赴遐翁處,卷已置案上,一展視間,便覺煙雲滿紙與向所見諸畫大異其趣,不覺神為之往,目為之奪。遐翁復從旁指點,乃得知米畫之面目,畫及後紙米友仁跋俱漶漫已甚,然精神仍在,元明諸跋則俱完整,董思翁跋尤推崇備至。遐翁曰:子今日得此寶,如一炫耀,必馳名海內,各方佳品將薈萃而來矣。

次日潢肆(汲古閣)主人曹(友慶)君持已裝就之姚公綬《紫芝圖軸》及董思翁《臨右軍三帖卷》來。予頗詫其藝之精,緣姚軸已極破,一經重裱,竟完整如新。此為予初知潢匠對古畫之功效,乃出米卷詢其是否可重裱,以求出新,為米氏淨其面目,而為傳世之珍。彼展視有頃,謂不能,並勸勿再揭裱以免傷畫。予頗沮喪,至今尤歎未能為米老效力也。彼並駭問何來此重寶。予告以遐翁作緣始末。不數日間,訊息乃已遍傳滬上,(吳)湖帆(1894-1968)、蔥玉(張珩,1914-1963)、和庵(譚敬,1911-1991)、(徐)邦達(1911-2012)、(王)季遷(1906-2002)諸君俱先後挽人紹介求觀。此為予識諸君之始。

時龐萊翁(龐元濟,1864-1948)聞之,懇遐翁作介求觀此卷。遐翁囑持往見萊翁,曰:萊翁必有以報,

倪元璐
《竹石圖》

其收藏甲海內，雲林尤佳，且夥，子有米顛不可不知倪迂。予無倪畫，亦頗欲一求觀也。予既至虛齋，萊翁詫予年少，問予年，以二十一對，萊翁大樂曰：予年八十一，君年二十一，正距一甲子，乃有同嗜，可謂有緣。既觀米畫歎賞有頃，曰：予收藏夥矣，獨無米畫耳，乃出示李嵩《西湖圖》、趙子昂《竹石小卷》等與觀，予實不甚了了，又詢有所欲觀者否？告以予方入門，願觀所有，並求指點，並告以遐翁語，萊翁曰：異日當盡發雲林畫，邀二君子同觀之。此後旬日，果邀遐翁及予往午膳。至則已張列雲林十二件於室，遐翁乃一一細觀，歷時旬餘，時與萊翁論其優劣，研其真贋。予在旁留心聆教，就所指比較之，詳察之，從知真贋亦參半也。此為予學習鑒賞之始，此後二翁所藏，予各得其尤者數十事，詢翰墨良緣也。

次年米卷既為上海中國畫苑借出展覽，抗日勝利後又為教育部借去南京展覽，逾年又借去台灣展覽，而一時滬上之藏家、鑒家、畫家群相結交，共同觀摩切磋。予遂得以浸淫數十年，樂此不疲，設非當時遐翁以米畫來歸，提高予之興趣，則不知何時方能窺其堂奧也。

撫今追昔，當年父親得自各前輩大家的舊藏珍品，經七十

年聚散，今仍家存數事，如龐公者有董其昌《雲林詩意圖軸》、惲南田《撫米友仁作霖圖軸》、王鑒《仿一峰（黃公望）山水軸》等；張公者有元代張遜《鈎勒風竹圖》（割款題）、明倪元璐《竹石圖》及清惲南田《國香春霽圖》等；又徐公者有王原祁六十五歲《為靜巖寫摩詰詩意圖軸》，是寫贈得意弟子「畫狀元」唐岱的精心之作。從這些作品上可略睹前人背影，如龐公三軸分見《名筆集勝》冊二、《虛齋名畫錄》卷九及《續錄》卷三；張公三軸分見吳湖帆《醜簃日記》1937 年 5 月 17 日、《張蔥玉日記》1941 年 7 月 10 日、《木雁齋書畫鑒賞筆記‧畫三》（簡稱《木雁筆記》或《木雁齋筆記》）；徐公一軸錄於《改訂歷代流傳繪畫編年表》，王原祁乃其平生最仰慕畫家，此圖鈐藏印四方，可見其珍重。葉、譚舊藏重品則在六十年前已一一回歸故宮，下文另詳。

1945 年抗日勝利後，葉恭綽離滬回穗，此時父親已結識了滬上書畫商，得以繼續收入佳購，但發現得失緣分如有天意，在遺稿中有所憶述：

> 書畫有緣，自會遇合，如無緣雖到手亦不成。這事似乎涉及迷信，但就我所經歷，有偶然發覺收到者，有幾經波折方收到者，有已經談好或已付款而取消者，有先以為不好，後發覺是誤會而收得者，其種種經過，猶歷歷在目，雖環境變遷未必能俱永寶，數十年翰墨因緣，亦是以縈懷自誠前定，難以強求，茲略舉數事以志墨緣。
>
> ……
>
> 1952 年夏孫伯淵（1898－1984，集寶齋）約往吳

芳生家看畫，彼以藏明畫扇面逾千稱雄，予獨賞其王煙客、惲香山（1568－1655）、張爾唯、楊龍友（1596－1646）四家合卷（亦稱《四賢圖卷》），伯淵乃為予作緣，方議價，忽不諧，不詳其故，心頗懊喪，一日途遇楊文蕘告以此事乃有人從中掠奪，緣錢鏡塘（1907－1983，六瑩堂）與孫伯淵不睦，聞吳芳生告孫為予議合卷事，即增其值而介與錢也傑購之，予乃不諧矣，此又功敗垂成無緣之例也。

厥後錢鏡塘自慚魯莽乃欲介紹馬德宏藏物與予，時適孫伯淵亦來作介，予不能捨彼就此，乃商請二人共同協助，時當盛暑，乃偕孫錢二人乘早車至蘇州在松鶴樓晉早餐後，再赴馬寓，盡觀所藏，予初選其楊龍友《山水長卷》、仇十洲《竹院逢僧軸》、文嘉卷、王廉州冊，王時敏、惲南田《山水冊》、王時敏《山水軸（董思翁題）》、夏仲昭《戛玉秋聲軸》、王廉州《仿北苑軸》、卞文瑜《山水冊》十件，後以議價不諧僅留五件，遂在馬處午膳，膳後赴虎邱及獅子林等地一遊，傍晚返滬，偕赴錦江飯店晚餐，席間予婉轉勸解二人不宜再存芥蒂，因當時環境已不同，宜彼此互助，二人亦頗懊悔，首肯予言，予亦不復有無妄之災矣。

1948 年曹友慶為予購倪雲林《綠水園圖》，合價黃金六十兩，其時黃金價上落頗大，予計時值予之，傍晚忽來云該款已不足購畫，請退畫，予欲易付黃金，亦不允，遂罷議，此以幣值之故，竟得而後失，此無緣一例也。

《四賢圖卷》近年出現於國內拍賣，後有吳湖帆 1949 年為吳芳生長題，解釋其中楊文聰一段曾為人以贗本替易，真本為張大千藏，吳氏得之，孫伯淵為重裝回復原狀，所以吳湖帆借觀並識：

> ……和會是卷者老友孫君伯淵，亦積德事也。芳生先生其善護之。倩盦吳湖帆跋於迢迢閣。己丑夏五月十七日燈下。

錢鏡塘得卷後裝紅木盒中，蓋上刻吳湖帆題籤：

> 明楊龍友、王煙客、張爾唯、惲道生為楊無補畫卷。梁溪錢氏味真書屋藏，壬辰（1952）七月吳湖帆題。

父親失之東隅，收之桑榆，在蘇州所購更佳，王、惲三冊都極精，大約作於同年代，且皆有仿米山水一頁，年內《瀟湘奇觀圖卷》即回歸故宮，不可謂不巧。

當年蘇州所購在「文革」期間納入上博，以為不會重見，「文革」後王時敏、惲南田二冊正式徵集入藏，但仇英、文嘉及王鑒三件發還祖父，近三十年後父親得以在上海重見，1985年初悉獲准出境，隨後赴美施手術，旋即過世，如造化弄人，緣盡無法強求。此前錢、孫二友在 1983 及 1984 年接踵去世，父親在 1982 年撰稿時當已重聚，所以回想到三十年前事初相識時的情況。

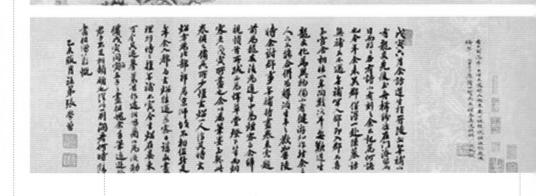

1952 年父親錯過了的《四賢圖卷》，由楊文聰、
王時敏、惲向、張學曾四段山水合成。

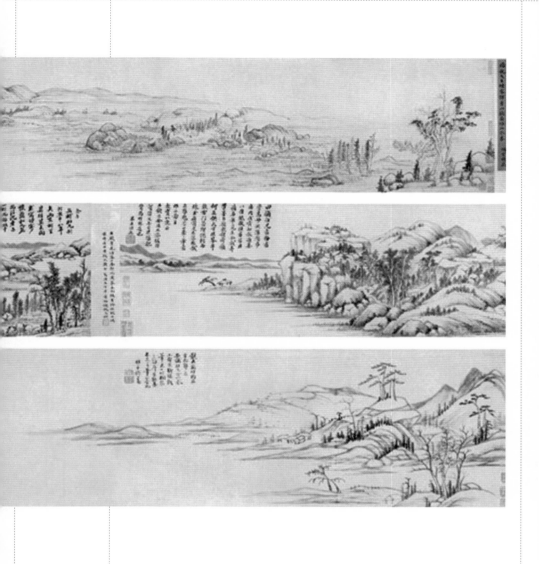

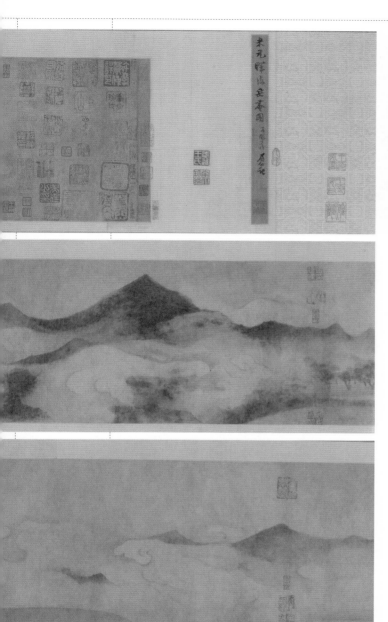

米友仁《瀟湘奇觀圖卷》

光公居鎮話四十年
久序子塔之東
國上以海岳命名一時
國士紫賦□□能□□
翰林承白耀□□
楚米仙人好樓民植
修崇岡結□□
撤赤縣□塘烏車

河決九源撼轍送目
以□區欲叫雲霄□
蒼得□餘不能記也
嘗觀愛態萬□
王晨時晚雨間世人解
後知此余生平熟□
湘□觀每於□佳
□輪渡寫□起□
□老以悦目交
□情之世□悦□人物

王時敏仿米冊頁　　　　　　　　王鑒仿米冊頁

偶汎梁溪
見王孟端石
學梅沙彌法
放筆寫識於
此一二日燈下
園客

米家象山

惲南田仿米冊頁

　　1945 年後國共內戰爆發，解放軍在 1949 年佔南京，在此數年間滬上廠家紛紛到香港另起爐灶，祖父投資參加友人在香港設廠，派父親往港參與業務。在解放前後不少藏家在國內散出所藏，也有不少攜帶了藏品出境，在米卷後有葉氏 1948 年 12 月跋稱「今冬南屏來穗垣，重以見示」，可知當時父親亦把一些重要藏品帶到香港。香港是往台灣及歐美各地必經門戶，父親營商往還港滬數年，值此時機，在香港也得獲了不少名跡。其中一例是現存北京故宮的楊維楨《行書張栻城南雜詠詩卷》，由卷後葉氏跋語知非其舊藏，張大千後題於九龍寓齋，紀年 1949 年 12 月 27 日，可知父親得此卷於旅港之初，大千許為所見楊書之冠，卷後陳白沙以茅龍草書大字長題，比楊書更長，是陳書代表作，合為一件國寶級的元明法書，在明清間曾多次著錄，包括《鐵網珊瑚》《石渠寶笈三編》等，當時父親才廿六歲，距初識葉老不過五六年，顯然眼光和自信心都已有相當水平。

　　1948 年 12 月葉恭綽與張大千在香港合辦扇面展覽，其後留居香港，至 1950 年回京出任中央文史研究館副館長，有幾件宋元珍藏相信是在此前轉讓了給父親，包括文彥博《行草三札卷》，卷後有米友仁及南宋向水跋，曾經賈似道收藏；王詵《行書潁昌湖詩蝶戀花詞合卷》，後配蘇、黃、蔡跋，並有乾隆御題；南宋趙孟堅《春蘭圖卷》，是文徵明舊藏，有文氏本人和吳門六弟子題跋；元顧安《新篁圖軸》是畫家的代表作之一；楊維楨《草書余善和張雨小遊仙七絕詩軸》，是作家傳世唯一書法掛軸。這些都是歷代著錄的名作，詳載《遐庵清祕錄》，但亦僅書中七十八件晉唐宋元書畫中一小部分。1943 年秋葉

氏跋文彥博卷後謂此卷「在宋時已極珍視，今日固宜以星鳳待之，惜余老病，日在顛沛中，不知復能緣有幾何時耳」，當年僅以明清作品付託予父，不及宋元，所以這些大概是他保留到最後的幾件珍品。

張大千在 1948 年後就以香港為基地，到台灣、日本、印度及南美各處訪問和舉辦展覽，至 1952 年正式移居阿根廷，翌年再遷往巴西，但仍常往返香港，在這期間與父親頗多往還，除了題楊維楨詩卷外，父藏宋徽宗《四禽圖卷》後也有他1953 年的品題。在這期間，直接或間接得獲了一些大千的重要藏品，最重要的是米芾《酬和魏泰詩卷》，曾多次刻帖；又《元明三賢行書詩文合卷》乃項子京舊藏，包括張雨《題宋五賢二開士象詩帖》、楊維楨《玉井香亭詩帖》、釋文信《秀野軒記》等三段，後有金農跋；又李東陽《諸體書種竹詩卷》，長達十米，大千書籤，許為「無上神品」，後有清初名僧弘儲跋，又為安儀周《墨緣彙觀》著錄，翁方綱視之為寶，以各種書體題跋共九次之多，可惜一詩在原紙末已被割去，前後隔水及後紙八題則仍存。

解放前移居香港最知名的藏家是譚敬，他在四十年代是上海最大買家，收購了不少龐虛齋、葉遐庵和張蔥玉等大藏家散出的精品，朱省齋（1901－1970）在《省齋讀畫記》書中〈譚區齋書畫錄〉一文記錄當時他在香港曾見的就有四十六件，另有一些見載於《海上收藏世家》一書中，其中過半屬國寶級的名作。譚氏在 1950 年因車禍闖出人命官司，把部分藏品匆匆出手，潛逃回滬，父親就直接或間接收購了幾件他散出的名作。其中最著名的是宋徽宗《四禽圖卷》，南宋俞松題稱為神

品之上，《石渠寶笈初編》列為上上品，按朱省齋《畫人畫事》
（中華書畫出版社，1962 年）書中〈宋徽宗四禽圖〉一文稱：

> 區齋闢室思豪酒店，悉置其所藏宋元書畫名跡於
> 其內，邀我前往參觀，因得朝夕瀏覽。其後區齋因事離
> 港，所藏星散，此圖初為周游子所得，後歸王南屏。

卷後張大千 1953 年 7 月題稱「南屏道兄攜來共賞，欣然
記此」，可知是由周游手上購入。另一區齋舊藏名跡是米芾《向

文彥博《行草三札卷》片段

太后輓詞帖》，是米氏唯一傳世真書小楷，後有董其昌臨本並跋，在〈譚區齋書畫錄〉一文中有記，可以肯定是在香港購入的。又惲南田《仿古山水花鳥冊》是清宮舊藏，《石渠寶笈續編》著錄，每頁有乾隆御題，乃畫家的代表作，在譚氏前為端方（1861－1911）、龐虛齋所寶；又宋克《錄趙孟頫蘭亭十三跋》在明初為沈粲（1379－1453）家藏，得錢博（1445年進士）為鈎摹上石，景泰五年（1454）又再書臨本（現藏日本內府），謂當時「庠人得一墨本如獲至寶」，今見卷末有姚綬、文徵明及陳道復等藏印，徐邦達許為「宋克墨跡中代表傑作」。

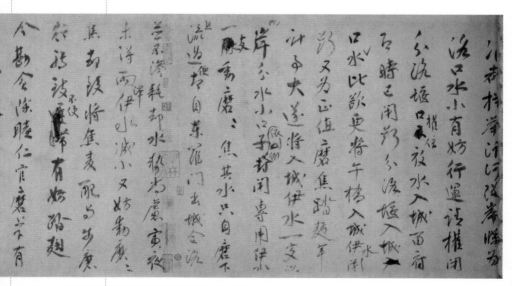

張雨《題宋五賢二開士象詩帖》

趙孟堅《墨蘭圖卷》片段

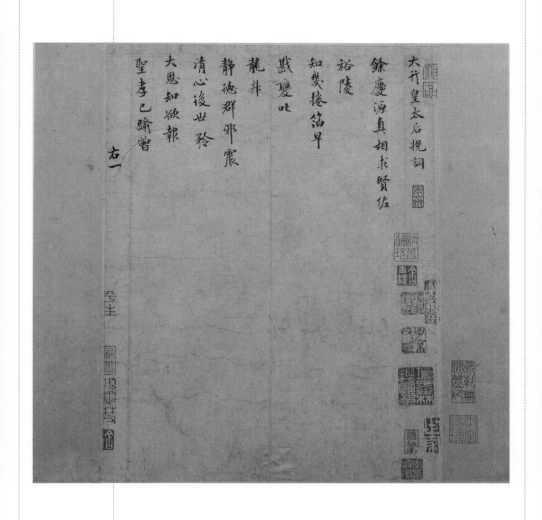

大行皇太后挽詞

餘慶源真相求賢佐

裕陵

知幾卷箔早

戡變吡

龍升

靜德群邪震

清心後世矜

大恩知欲報

聖孝已踰曾

右一

米芾《向太后輓詞帖》冊頁

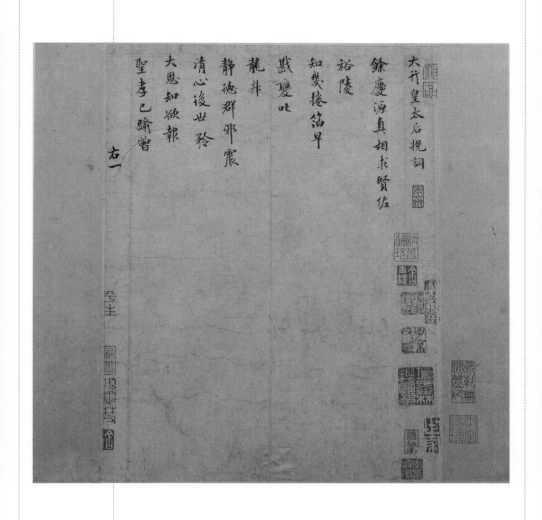

顧安《新篁圖軸》

楊維楨《行書張南軒城南雜詠詩卷》首段

《禮記大全‧卷三十》載：

　　子貢問於孔子曰：「敢問君子貴玉而賤珉者，何也？為玉之寡而珉之多歟？」

　　孔子曰：「非為珉之多故賤之也，玉之寡故貴之也，夫昔者君子比德於玉焉，溫潤而澤，仁也；縝密以栗，知也；廉而不劌，義也；垂之如墜，禮也，叩之其聲清越以長，其終詘然，樂也；瑕不掩瑜，瑜不掩瑕，忠也；孚尹旁達，信也；氣如白虹，天也；精神見於山川，地也；圭璋特達，德也；天下莫不貴者，道也。詩云：言念君子，溫其如玉，故君子貴之也。」

《戰國策》載范雎曰：

　　鄭人謂玉未理者璞。

　　父親旅港前後藏品大致上可由藏印分辨，收藏之初每件作品入手即鈐印，而且全稱為「珍藏」「珍賞」，如「南屏珍賞圖書」「南屏珍藏書畫」「武進王氏珍賞」「王南屏珍藏印」「南屏珍藏記」等，諸印在一些早期得於葉氏的明清書畫上有見，這些作品大多數同有葉氏藏印，到有相當經驗後父親的鈐印規矩就改變了，舊印也留在上海不再使用。憶父嘗言後來用印審慎，一般待出手時才蓋棺論定，最後評定為重要真跡方鈐印為記，但若借出展覽或出版則或例外，所以《玉齋圖錄》選刊藏品過百而大部分未鈐印。有印者以「武進王氏」同「南屏珍

藏」陰陽對印或單鈐後印者為多，加鈐「玉齋」印者書中唯文徵明、惲南田、法若真三軸，另「王南屏印」和「王南屏鑒藏」印則偶用於次要作品，不隨便稱為「珍藏」，這五印皆存於香港遺物。近年由這些印章在故宮出版畫冊辨認了十多件由香港回歸的舊藏書畫，多屬國寶級文物，皆加鈐「玉齋」印，可知此印有特殊含義，但生前未聞闡釋，卒後詢諸家人也無一知其由來，至近年考查了他的收藏經歷，就不難明白玉字含有雙重意義。

含義之一是對他收藏書畫影響最大的兩個人均以玉字取號，其一是啟蒙導師葉恭綽，別字裕甫，諧音譽虎，玉甫、玉父及玉虎，收藏印鑒亦有「玉父」印。另一人是同輩切磋交遊的張珩，別字蔥玉，年長十歲，有如師兄，二人皆紈綺子弟，滬人所謂「小開」，輕財重義，性格豪爽，又聰敏過人，酷愛書畫。小時在家中常聞張蔥玉之名，只知是父親摯友，近年才了解父親舊藏回歸故宮實由於葉張二人關係。1950 年遐翁回京出任中央文史研究館副館長，張公同年北上掌事文物處，着手創辦故宮繪畫館，由故宮內部記錄知道父親所藏重品回歸全在此後十年間，1953 年繪畫館啟幕之初已有三件入館，其中米友仁《瀟湘奇觀圖》經葉氏作介而得，王詵《自書詩詞卷》及趙孟堅《春蘭圖》卷皆葉氏自珍舊藏，三卷回京自必經葉張二人情商安排。此外，王安石《楞嚴經旨要卷》在家庭間素聞是因張氏委託而購入暫存，待文物處籌措資金再轉讓。按鄭重〈遺願〉一文記述，故宮上博在 1962 年同在海外打聽王卷下落，由《木雁齋書畫鑒賞筆記》悉張珩見錄此卷於同年，父購卷亦在 1961－1962 年間，可信委託之事不虛。惜翌年張氏溘然去

世而事未竟成，父保存至終，遺旨送歸回國，不負故友廿多年前所託，交誼之深可見。父與葉張二「玉」書畫結緣，齋號稱玉當非偶然。

玉字的另一層含義相信與父親酷愛墨竹畫有關，翠竹古稱琅玕，原意為美玉，如白居易有詩句「剖劈青琅玕，家家蓋牆屋」，徐旭題張遜軸「阿誰鈎勒作琅玕」句亦由此出。1950年前後，父獲李東陽《種竹詩卷》於大千，其中〈懷竹〉一首有句「三年不種竹，得竹如得玉」，可能是取號的靈感來源。查1953年入藏故宮的三件作品皆已鈐「玉齋」印，但1948年旅港時留滬作品則全不見此印，張大千於1952年秋移居南美洲，所以得李卷與取號同在此前，時間上也吻合。

元代王冕別號竹齋，詩文集稱《竹齋集》，父親同姓當諱用同號，取號玉齋則甚恰當。墨竹畫盛於元代，父藏中名家有四，除上述柯、張二軸外有有倪瓚《竹枝圖》橫軸，為項子京、安儀周及清宮遞藏名作，另顧定之《新篁圖軸》，為葉恭綽舊藏，鈐「第一希有」印，皆在1960年回歸故宮。其他明清墨竹在《玉齋圖錄》中有夏景、唐寅、倪元璐、鄭板橋、李方膺等名家佳作。此外以竹為題的名作包括選用作《圖錄》封面的仇英《竹園逢僧圖》，乃安儀周舊藏；另由《木雁》得悉沈周《移竹圖》亦為舊藏，其上有李東陽題〈謝人乞竹栽〉詩一首，與其自書《諸體書種竹詩十四首卷》同為翁方綱所寶，這一系列作品囊括了元代四名家，明代吳中四大家之三，亦可謂與竹有緣。1980年前後上博向祖父徵集一批作品，其中仇英《梧竹草堂圖》，是乾隆御題的的清宮舊藏，有文徵明、王寵、彭年題詩，1996年上博展覽出版《明四家精品選集》，選用作

封面，與 1994 年《玉齋圖錄》採用《竹園逢僧圖》亦可謂無獨有偶。2005 年訪上博，得見徵集藏品，其中有罕見的陳洪綬早年墨竹軸，又明朱鷺（1553－1632）《墨竹圖軸》與清翟大坤（1804 卒）《蘭竹圖軸》，雖屬小名家，亦優雅出色，大名家作品人人追逐，由這些小名家精品，更見父親的賞鑒修養和庋藏品味。

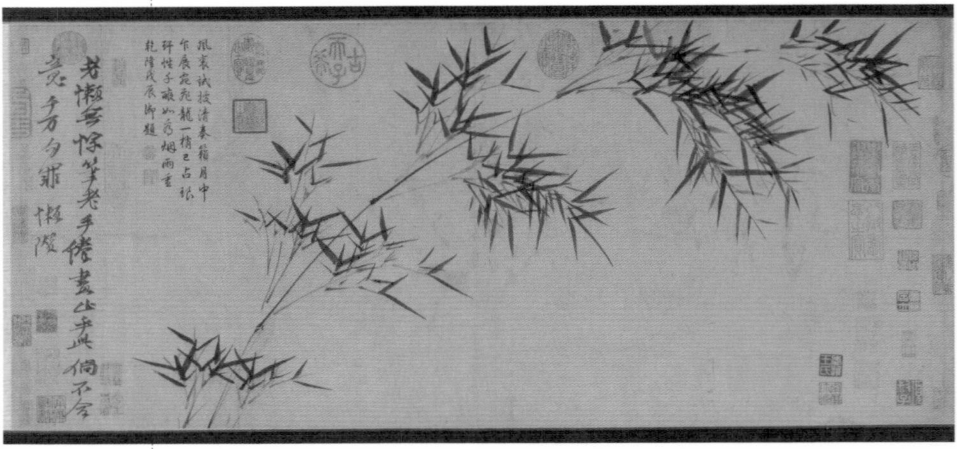

倪瓚《竹枝圖卷》

朱鷺《墨竹圖軸》　　翟大坤《蘭竹圖軸》

李方膺《墨竹圖軸》

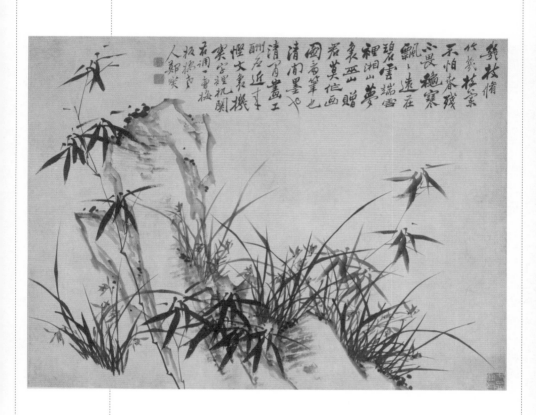

鄭板橋《蘭石圖》

卷二

吐露鋒芒

晉卿為僕所累僕既謫齊安
晉卿亦貶武當飢寒窮困本書
生常分僕緣之不戚、固宜獨怪
晉卿以貴公子罹此憂患而不失其
正詩詞益工超然有世外之樂此孔
子所謂可与久處約長處樂者耶
元祐元年九月八日蘇軾書

在父親二十周年忌辰前後（2005年），悼懷之際慚愧自己對書畫仍如丈八金剛，在大學裏從事物理學研究教學，工作繁忙，大學圖書館畫冊也沒幾本，雖有學習之心而二十年無寸進，就決心開始自修，告訴系主任下半年免薪請假，到港台大陸博物觀光，以增廣見聞，也趁機蒐集一些書籍圖冊帶回家中。在香港逛商務印書館店面，翻閱所出版北京《故宮博物院藏文物珍品全集》（以下簡稱全集），即發現一些作品上有父親藏印，《全集》分多年出版，約三年後才把書畫各集購齊，一共找到十五件作品有先父藏印。

2009年秋，返港參加中學同學畢業四十年重聚大會，適逢中文大學文物館舉辦《北山汲古》展覽，正好趁機重訪母校參觀。北山堂利榮森先生為敏求精舍領導人物，1971年贊助創建文物館，與我上課的科學館僅隔一箭之地，文物館成立後父親把藏品寄存，以供教學研究應用，我也就擔任了提放跑腿的工作。學生時期已常聞利氏大名，難得有機會一窺其藏品中之精華，又悉展覽為林業強館長領導主辦，林先生昔為首任館長屈志仁先生得力助手，往有數面之緣。參觀之餘，冒昧到辦公室叩門，林先生恰在，喜遇故人，暢談甚歡，言及正在蒐集資料以了解父親往日收藏，希望增進認識，異日或可撰書文以誌，已數訪上博，得見舊藏數十，並蒙惠贈作品影像數據，故宮則僅由出版刊物蒐集。林兄即見告故宮許忠陵老師與上博鍾銀蘭老師周內到訪，可惜我已回美在即，不及一見。回家後收到林兄電郵，謂許老師樂意相助蒐集資料，可以書信電話直接聯絡云。

許老師與先父原來也有一面之緣。1984年11月文物館借

故宮藏品舉辦揚州派畫展，由許老師護送展品到港，訪父於龍園新居，觀其所藏，相談中悉父親當時已剛決定赴美施心臟手術，不期無緣再聚。2007 年許老師主編故宮《全集》之《吳門繪畫》，其中仇英名作《玉洞仙源圖軸》昔為父藏，但故宮並無記錄有多少藏品得自父親，也希望調查一下。了解入藏經過，我就寄上《全集》中所見及一些其他資料。可惜五十年前記錄已極難尋找，而且收購事宜由文物局處理，作品再發配各單位。經努力數月，主要發現是我單上作品發配故宮於 1953 至 1960 年間，另有三件書法作品曾經洽商，不期張珩公在 1963 年意外去世，無人接管其事而不了了之，但由這些資料配合一些家庭歷史，大致上已足了解父藏回歸的前因後果。

1949 年解放後祖父在上海的染織廠經營困難而要減縮，這幾年恰好是北京故宮博物院重建時期，張珩是主要負責人之一，致力由香港採納文物回流，葉恭綽 1950 年後亦在北京，所以北京文物局經二人向父親收購藏品是必然的，當時外國人也在香港收購文物，不少宋元珍品經張大千、王季遷、程琦等人流散往歐、美和日本，今日在各國大博物館多有所見，但父藏則只一些二三級以下明清作品，與回流故宮的作品不可同日而語，其中差別就是葉張二人的關係。一些珍品原為祖父斥資購入，日後為支撐廠務運營自須出手，1953 年祖父售去原居大宅，發放員工遣散費及清還債務，正是故宮繪畫館啟幕之際。據故宮記錄，當時首先入藏的三件是米友仁《瀟湘奇觀圖卷》、王詵《自書詩詞卷》和趙孟堅《春蘭圖卷》，都是原經葉恭綽而得的作品。葉公對國寶外流問題尤其反感，父親無疑尊重他的意願而讓他最重視的藏品率先回國，當時收購經費拮据，父

親購入的價目葉公完全清楚，回售自不求利，在國內助祖父解困也不用以外匯付款。

祖父的工廠支撐到 1956 年改為公私合營，投資友人在香港的工廠後亦告失敗。父親另外斥資開辦南洋棉布公司，專營港織棉布外銷出口生意，所以在 1955 至 1960 年間將一些重要藏品按故宮需求絡續售回，其中包括前述北宋文彥博《行草三札卷》及米芾《向太后輓詞帖》，另名相呂大防《行楷示問帖》，是安儀周舊藏的存世孤本墨跡。元代名家作品有前述的顧安《新篁圖軸》和楊維楨《張南軒城南唱和詩卷》，又倪瓚《竹枝圖卷》，是《墨緣彙觀》和《石渠寶笈續編》著錄的名作，曾經項子京、梁清標遞藏。明代仇英《玉洞仙源圖軸》，是大尺幅掛軸的代表作，《墨緣彙觀》有錄，又常瑩《山水長卷》，頗為難得，其真跡不多見，此為故宮出版《松江繪畫》選刊的參考作品。清代大家作品首數前述的惲南田《仿古山水花鳥冊》，又華喦《海棠鷹兔圖軸》是畫家晚年的花鳥翎毛至精之作，南田後第一人之譽，此圖足證該當無愧，曾經徐邦達收藏，故宮出版《揚州繪畫》選錄為代表作。這些作品肯定有部分為 1948 年旅港後收集，尤其是譚敬散出者，即使一些葉公舊藏，也可能是 1948 年後葉公寓港穗時出手。

楊仁凱《國寶沉浮錄》記述 1953 年故宮繪畫館（包括法書）重開的歷史，提到香港「徐伯郊……譚敬、王南屏……為徵集流往國外名跡開闢了一條路子」，以上名跡在故宮藏品中不外滄海一粟。2005 年杪，故宮與上海博物館合辦《書畫經典》大展，王詵、米友仁、趙孟堅三卷同為展品，相信是 1953 年故宮繪畫館啟幕展後首度同時亮相，父親廿一周年忌辰恰在

展覽期間，可惜我未及參觀，就訂購了一部限量版精裝圖目作為紀念。2007 年香港慶祝回歸中國十周年，藝術館舉辦《國之重寶》展覽，由故宮借出晉唐宋元書畫卅二件，米友仁《瀟湘奇觀圖卷》與倪瓚《竹枝圖卷》為其二，半世紀後重現香港，先人泉下有知，當亦慶倖為國寶文物回流盡了一分綿力。

• 53

回歸故宮的名作既已見載於《全集》，又在不少書畫著作及展覽圖冊中多所討論研究，珠玉在前，無須重複介紹，惟王詵《自書詩詞卷》流傳歷史曲折，值得一述。

此卷無款無年，舊有元趙肅、明王洪及陳繼儒三題，皆以為是黃庭堅所書，清初吳其貞《書畫記》有載。至康熙庚申年（1680），得曹溶（1613－1685）考證，才斷定為王詵墨跡，題識於後，1682年卞永譽《式古堂書畫彙考》詳錄各題。1742年後卷為安岐收藏，但《墨緣彙觀續錄》不記諸舊跋而稱「後有蘇、蔡、黃真跡，雖非原題，宜續於後」，蘇、蔡、黃可能指蘇軾（1037－1101）、蔡肇（字天啟，1079進士，1119卒）、黃庭堅（1045－1105）三人，同為王詵（1036－約1093）西園雅集之友，墨跡合裝成一卷自為難得。其後卷入內府，壬子年（1792）得乾隆御題，指出王詵《詩詞》必書於元豐三年（1080）蘇軾謫黃州之後，但所見蔡跋草書七行：

> 昔之貧賢寒俊，偶有流落失職者，其為文章，多所怨悱，不得其正，又況久處樂而行患難，乃能刻意文翰而無前所累者，非胸中泰定，有以處之，未數數然也。故人之弟以示余，故書。

跋下小楷書註一「襄」字，以為是蔡襄款偽跋，蔡襄（1012－1067）年長兩輩，去世時王詵才二十歲，不可能有「故人之弟以示余」句，因而御批「三跋皆偽」，但安岐何等識見，豈能不察此謬誤而稱「宜續於後」？而且若為作偽之書，又何以在草書後以楷書落款呢？較可能是有後人以為與蘇黃並論者必

米蔡，在草書跋下以楷書註一「襄」字，沒想到此蔡不同彼蔡，「久處樂而行患難」一句尤其符合王詵經歷，應出自友人手筆。

今見三跋已拆出各裝為獨立帖頁，帖邊可見原有「式古堂」騎縫印，但《式古堂書畫彙考》（以下簡稱《式古》）書並不錄此三跋，曹溶考證則卞永譽已著錄，不大可能隨便剪去，由此推測，三跋或為曹溶在1680年考證後得獲重裝，既已證實為王詵書，又已回復原貌，前人誤題與自己考證也就無須保留了。曹氏去世在《式古》成書後三年，若重裝在此期間，卞永譽（1645－1712）不能修改書中所錄，在作品上鈐印認同是恰當的。也有可能曹卒後卞氏或友人得其藏，又偶獲原跋，重行裝配，卞氏才能鈐印以誌。日後安岐得卷，當亦明白，書中簡註「後有蘇、蔡、黃真跡」，無用多言，其後為他人加註一「襄」字，乾隆察覺不對，就以為「三跋皆偽」了。也有一種可能是蔡肇原題為人調包而加鈐了「式古堂」偽印，但書跡優秀，內容符合王詵生平，語氣摯友情深，不類一般作偽，蔡肇晚卒於王詵，時間也合。不論與否，乾隆因一跋有疑而定三跋皆偽，是肯定不當的。又按《退庵清祕錄》，此卷由內府散出後為完顏景賢所得，有宣統年間題，謂「草野臣庶，固不敢辯」，惜故宮拆卷重裝後今已不見。

三跋拆出後《蘇軾題王詵詩詞帖》定為國寶級文物，《黃庭堅題王詵詩詞帖》亦列為一級真跡（蕭翼燕《中國書畫定級圖典》），蔡跋則定為宋人書。蘇黃二帖選刊於故宮出版《宋人書法》，蔡跋見《中國古代書畫圖目》第十九冊，有學者認為蔡跋末「襄」字雖為後加，草書與蔡襄《陶生帖》相類，實為其真跡，為人誤插入王詵卷後，稱之為《貧賢帖》，若然則

「式古堂」騎縫印亦為偽，或曹、卞、安三大賞鑒家對宋代四大書家間長幼關係也不明了，這些情況的可能性是不高的。不論真相何如，每跋圖像可見紙緣有「玉齋」騎縫半印，足證回宮時仍未拆裝，與《退庵清祕錄》相較，唯不見完顏景賢尾跋。

宋劉克莊《後村集》稱「王晉卿草聖，傑然有王子敬（獻之）張長史（旭）之遺意」，黃庭堅《山谷集》云「晉卿行書……奇怪非世所學，自成一家」，觀此卷筆法瀟洒清勁，鋒芒四射，有如為晚明諸家作開路先鋒，所以曹溶題云「一洗膏粱宿習，超詣乃爾……豪落之氣，躍躍行墨間」，其開朗處略似黃山谷，王詵傳世書跡甚罕，引致元明人一再誤題，今見遼寧省博物館藏其《跋歐陽詢行書千字文》，書法一致，更證曹溶考證無誤。

王詵自識句語尤其令人響往：

> 余前年恩移清潁，道出許昌，前途小阻，留西湖之別館者幾一月，常與韓（維）持國、范（鎮）景仁泛舟嘯詠，使人頓忘去國流離之恨也。韓公德性溫厚，風度高雅，固已可愛，范公雖老而精神不衰，議論純正，白鬚紅面動輒醺酣，時余有所賦詠，公即取紅蓮葉命筆疾書，初不經思，佳辭麗句頃刻而成，坐客莫不驚歎也……余舊不飲酒，近年輒能飲，故多醉中所書耳。

由此足見其人才氣洋溢，豁達爽朗，是好交朋友的性情中人，不愧為西園雅集主人。《宋史》記載韓維在宋哲宗登基時上表推薦范鎮，拜端明殿學士，王詵自識又言：

比聞朝廷就除端明殿學士以寵之，因思方今進任老
成，如公者再起之，亦足以厚風俗耳。

由此而知書卷在哲宗元祐元年（1086），記「前年」（1084）
與韓范二公在許昌相聚之事，並錄當時所賦〈穎昌湖上詩〉及
〈蝶戀花詞〉恭賀韓維。在流離中「泛舟嘯詠」的情境與蘇東
坡 1082 年《赤壁賦》遙相對應：

> 壬戌之秋，七月既望，蘇子與客泛舟遊於赤壁之
> 下。清風徐來，水波不興。舉酒屬客，誦明月之詩，歌
> 窈窕之章……飲酒樂甚，扣舷而歌……哀吾生之須臾，
> 羨長江之無窮……洗盞更酌，餚核既盡……不知東方之
> 既白。

王卷後蘇東坡首跋書於同年：

> 晉卿為僕所累，僕既謫齊安，晉卿亦貶武當。飢寒
> 窮困，本書生常分，僕處之不戚戚，固宜。獨怪晉卿以
> 貴公子罹此憂患而不失其正，詩詞益工，超然有世外之
> 樂。此孔子所謂可「久處約，長處樂」者耶。元祐元年
> （1086）九月八日蘇軾書。

山谷末跋未紀年，但語氣是多年後回憶故人，與蔡跋
相若：

余舊多不見晉卿詩，不謂琢句精巧，乃能如是，所謂欬唾成珠玉也。庭堅。

蔡跋置二者間，三人字裏行間對王詵欽佩不已，友情躍然紙上，能得安岐稱「宜續」而姓蔡者，捨蔡天啟其誰？能收得三帖與王詵詩詞合裝，也只有曹、卞、安之屬頂級收藏大家方能為，此輩又焉能謬然插裏跋於蘇黃之間？至於安岐以為三跋並非原題，可能只是猜測，因三跋顯然為《式古》成書後所裝，六百年後延津劍合之可能性極微，蘇跋既在王書同年，是否原跋當仍有待細考。不論與否，原卷自一分為四，每段都是北宋大家的優秀書跡，文字感情與歷史性之豐富，在父藏法書作品中，實無出其右，散聚真相是耐人尋味的問題。

此卷雖在 1953 年與米友仁、趙子固二圖卷同回故宮，張珩《木雁齋筆記》在 1960 年錄二畫卷而不同錄此書卷，推想當時或已察覺三跋內有蹊蹺，僅由安岐一語推測，不足定論，蔡跋無款，也有可能為另一故友所書，若無其他蔡肇草書墨跡可作比對，只能存疑待考，筆記也就擱置了。

晉卿為僕所累僕既謫齊安
晉卿亦貶武當飢寒窮困本書
生常分僕處之不戚固宜獨怪
晉卿以貴公子罹此憂患而不失其
正詩詞益工超然有世外之樂此孔
子所謂可与久處約長處樂者耶
元祐元年九月八日蘇軾書

蘇軾跋

三跋皆僞

余舊不多見

吾鄉詩不謂琢句精巧

延粹如是 亦謂欷唾成

珠玉也　庭堅

黃庭堅跋

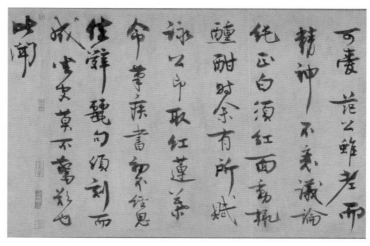

王詵《自書詩詞卷》首段

宋徽宗《四禽圖》得失

　　父藏宋代畫作僅知有三，米、趙二圖卷於 1953 年歸故宮後，翌年即購入宋徽宗名作《四禽圖》，卷末有父親 1954 年跋，是他在所有藏品中絕無僅見的墨跡，可見其鍾愛，這時他才三十歲。在 1958－1959 年時，父親為籌集資金轉營棉布出口生意，把六件名跡售回北京，包括前述文彥博、米芾、呂大防、楊維楨等宋元法書，另顧安、仇英二畫軸，《四禽圖》是新藏，尚未捨得出手，可惜由於北京方面付款拖延而引致不幸失落了。文化局由決定收購到國家撥款手續重重，在貨款未到時他向友人程琦（1911－1988）貸款周轉，數目不大，程氏要求以《四禽圖》作為抵押，可以把玩一段時日。惟北京付款收到時恰已稍逾期限，一般而言，即使銀行也容許逾期，補回一些利息就了事，豈料程琦竟藉辭拒收還款，亦拒補價收購，攜卷回日本一走了之。昔日書畫交易只是君子一言，無合同契約，父親不期程會奪人所愛，尤其貸額遠在卷值之下，法律上程氏也有權沒收，但其為人豁達，只能怪自己疏忽，受此打擊在友儕間亦不發惡言。程氏在香港蒐獵書畫售往美日二地是眾所周知的，後來朱省齋撰文介紹《四禽圖》，只知此卷在譚敬、周游二人「後歸王南屏，到了前年，又轉入古董商（即指程）的手中，現在風聞已售往日本，一說已往美國，究竟落到何處，尚無確悉」（《畫人畫事》，1962）。其實程氏得物極喜，並未出手，翌年（1960）交由京都東方文化刊行會發行仿製品銷售，1972 年《萱暉堂書畫錄》有載，保存至卒，家人居美，後十餘載方出手，為台北廣雅軒林百里先生所得，一件瑰寶才重回國土。2005 年訪台有緣一見，並蒙林兄惠贈父題圖片留念，感謝不淺。

《四禽圖》失落之事發生在我童年時，本無所知，但十年後程琦又與父友朱省齋有過節，此事在我中學後期，從而了解到前事本末。在 1968 年春，朱舉債購入一絹本吳彬山水大軸，原擬以二千美元轉售瑞士藏家 Franco Vannotti，事未竟成，欠債待還，頗為窘逼。事為程悉，云其畫偽，但又願出價一千收購。朱乃登門詢父意見，並欲貸款解困，以畫作押。父以為吳畫乃難得真跡佳作，惟品相欠佳，絹本大軸重裝需時，耗費不菲，程言其偽不外是知朱有困而乘機殺價，自己有三子女在美加留學，年內次子亦將出國，不但無餘資相助，還須售畫張羅學費，惟非燃眉之急而樂於助人，就想出一策，把自己打算出手的明人畫軸付朱求售，囑同樣索價二千美元，事成則朱可得款解困，吳畫則歸父作易，不成則二畫各歸原主。不數日，朱回報畫已售出，極為欣喜，吳畫歸父。越數日又再報云程不見他回應，已願出價二千，詢父可願出手，父囑覆程畫已易主，有意程可自行求讓，心知程因《四禽圖》舊事，必不來相詢，只是藉此出一口氣，豈料程聞吳畫在父手而鑒定為真跡，即請朱代購回，願再倍價四千，朱氏大樂，詢父如何回應。父思程必已有海外買家可迅速轉手圖利，囑朱覆程索價再加倍至八千。父素知程與加州大學高居翰（James Cahill）教授相稔，父與高亦時有通信，時高氏《中國畫中的神奇和怪誕》一書（*Fantastics and Eccentrics in Chinese Paintings*）恰在年前（1967）刊行，推崇吳彬為人所忽視的大家，父乃寄奉照片相贈，高氏旋即回信詢價求讓，程始知難而退。此事為朱所津津樂道，日後高教授對此事亦有述所聞，在 2000 年《懷古堂雜誌》（*Kaikodo Journal*）撰〈香港觀畫記〉（Seeing Paintings in

Hong Kong）一文，謂當時不知情，得畫後攜日本付程，請代重裝，1970 年重臨香港始得燕笙波轉述傳聞。父親在遺稿對此事只作輕描淡寫的記述：

> 1968 年途遇朱省齋，言有吳彬一軸，乃往歲與陳仁濤易件而得，仁濤以為假而斥去者，後曾寄去瑞士及日本求售，俱遭退回，故不能定其真假，偕往觀之，固真而佳也，即洽收之，此偶得之一例也。

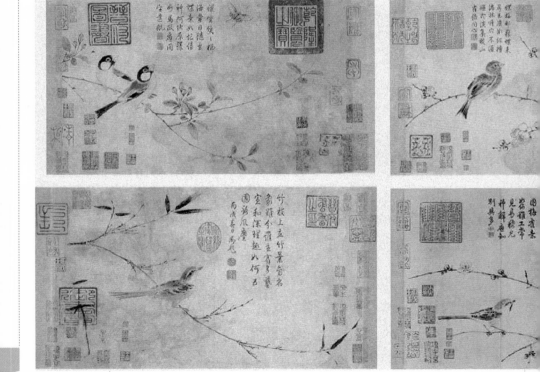

宋徽宗《四禽圖》及王南屏跋

父親雖與程氏有過節，卻不敍其長短是非，自己以助人為樂，全不宣揚，其處世待人之道由此可見一斑。

　　這是我首次接觸到書畫交易的人心叵測，所以印象特別深刻。書畫藝術本為文人雅好，但附庸風雅趨之者眾，成為炫耀財物，各種爭名奪利的行為隨而出現，人性醜態是學生時代不能想像的，日久也就見怪不怪了。

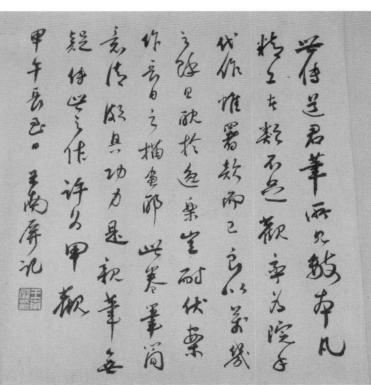

文徵明《紅袖高樓圖》

父親對書畫得失向來灑脫，名跡佳作出手不悔，常言東西已吃到肚裏，豈還可悔，只要有眼光，又何懼買不回別的好東西。程氏拒收《四禽圖》一筆還款，隨後就購入了文徵明《紅袖高樓圖》，1984 年遺稿有此評述：

徵明畫至老年便繁點疊嶺，不若中年筆墨之灑脫挺拔，其《紅袖高樓》一軸為狄平子舊藏，載在《中國名畫》第二十六集（家存上海有正書局 1925 年版），狄氏藏物早散，廿五年前（1959），予得此軸於香港，尤愛其青綠波色而以焦墨點遠樹，具見功力，按畫筆及題字看來，應為六七十歲左右之作。文氏以中年歸老，五十七歲放棄仕途，返回蘇州定居，藝乃大進，此其時也，觀其題杜牧〈南陵道中〉詩，首二句先寫時地，末二句再寫出人情，因景物之佳而反添寂寞之情。從知中國畫與詩之關係至為密切，山水畫除景之外亦寫情，畫家取材多用景物，緣寫情最難，惟情一字方能動人心，古今不易，亦惟詩人與畫家乃情感最豐富之人，方能寫出永垂千古之作，非有感應於心，不能出之於手，觀

文徵明《紅袖高樓圖》

徵明此畫，詩情畫意融於一體，是誠絕作。

憶父屢言平生最重情義而最輕財物，在遺稿中獨見以此圖論畫理，也流露了他重情的個性。北京故宮藏文徵明《仿米雲山圖》長卷自識始於六十四歲而歷二年始成，書風極相近，可信為同期作品，文氏此時必精研米畫，心到手到，在青綠細筆山水中參以米家筆法，用「焦墨點遠樹」，信手拈來，確是妙筆。

1976年父借圖予愛華慈（Richard Edwards）教授在密西根大學（University of Michigan）《文徵明的藝術》展覽展出，相信是父藏首次外借，十多年後我協助耶魯大學籌辦《玉齋明清畫展》，此圖隨巡展在1994年秋也重回到了密西根大學，我就選用了作宣傳海報圖像，以紀往事。

在購入文徵明圖軸後二三年，父親又得王安石（1021—1086）《楞嚴經旨要卷》，此卷的重要性在張珩《木雁齋書畫鑒賞筆記》卷三中說得最明白：

> 小行書七十四行，書法迅疾，宋人謂公書如疾風驟雨者，信不誣也。荊公書傳世者僅此一卷及宋人書翰中一札而已。獨惜此卷所書為楞嚴經，若是自書詩草豈不更妙？余嘗謂北宋墨跡中，此卷及司馬光（1019－1086）《通鑒稿》、范仲淹（989－1052）《道服贊》、歐陽修（1007－1072）《集古錄題跋》，四卷身價相等，皆是第一流物。

> 卷為周大文所得，藏於天津，某年天津大水，卷為水淩，後重付裝池，雖安氏原裝已為水泡損，而紙墨一無傷損，所謂有神物護持者。

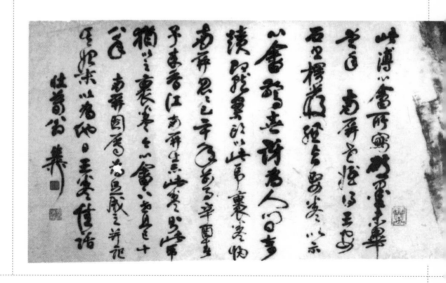

謝稚柳題王安石《楞嚴經旨要卷》，溥儒畫稿為裹卷

家庭中素聞父親說此卷乃因張公委託而購入，憑個人童年記憶，估計入門時間在 1961 年，近年閱張公《木雁筆記》也符合，卷二錄 1961 年所見，其中有父藏米芾《酬和魏泰詩卷》，卷三始錄王卷，即見於 1962 年，由此而知張公在 1961 年曾訪父而王卷當時尚未入門，但可能請父打探下落或購入以防流失海外，到手後文物局再向國家申請撥款收購，翌年再訪時卷已在父手，得以詳錄，但父親一直未鈐印，所以《木雁筆記》中王卷無父印。

　　父親得卷於台北，隨訪溥儒（1896－1963）相示，溥公即以案頭畫稿為裏卷，1981 年春謝稚柳叔公訪港時見裏紙仍存，遂為故友完成舊稿，並題紀其事：

　　　　此溥心畬所寫，破墨未畢，是年逢南屏老姪得王安石《楞嚴經旨要卷》以示，心畬驚喜，訝為人間奇跡，

即就案頭以此紙裹卷歸南屏，忽忽已二十年前事，辛酉（1981）春予來香江，南屏出示此卷，則此紙猶以之裹卷，今心畬下世，且已十八年，南屏因屬為足成之，並記其始末，以為他日王卷佳話。壯暮翁稚柳。

由於王卷價值不菲，父親要由自營的棉布公司撥款，豈知余姓賬房先生盜用了公款，恐為核數發現，即拋妻棄子逃往南美，把公司戶口中百萬元貨款資金一掃而空，追查數月亦踪影全無。當年美國剛開始流行藍牛仔布，是公司的主要出口生意，前途本大有可為，受此打擊後就無法經營下去了。雖然我當時還在唸小學，父親得獲國寶與公司倒閉二事連接發生也是知道的。當時一家人都徬徨生計，父親安慰說另有三卷書畫北京會收購，只待付款，即可解困。鄭重所撰《張珩》一書中有

王安石《楞嚴經旨要卷》

張公 1963 年 1 月 15 日在廣州致夫人顧湄家書，言「徐伯郊已由上海來……王南屏則尚未來此」，可知當時有約在廣州相談。

2010 年得許忠陵前輩與故宮文物管理處協助調查記錄，仍找到一些關於向父親收購三卷書畫的通信記錄，得悉張公選中法書三卷申請收購，包括米芾《酬和魏泰詩卷》及《元明三賢行書詩文合卷》，皆得於張大千，另一為譚敬舊藏的宋克《錄趙孟頫蘭亭十三跋卷》，再考《木雁筆記》，《三賢卷》與《宋克卷》在 1962 年與王卷同時入錄，由此估計王卷價值在三卷之上，所以張公先申請購入三卷，但撥款仍需相當時日，為解燃眉之急，父不得已只好貸款周轉，一如《四禽圖》前法，把三卷作抵押。當年香港收藏家分粵滬兩派，往來不多，田溪書屋何冠五屬粵派，與父親一貫有往來，父藏吳歷名作《鳳阿山房圖軸》為何氏舊藏，經其貸款就避免了消息在滬籍朋友間傳

播。張公筆記中註宋克卷「今在何冠五處」，可見也明白當時變故，不期翌年因胃癌手術失敗，年僅五十就遽然去世，收購之事在北京無人接手，就此不了了之。

《木雁筆記》雖然一直沒出版，徐邦達 1987 年出版的《古書畫過眼要錄》有許多相同資料，這幾件作品在均有詳錄。徐為張公助手，必知收購之事，當年何以半途而廢是令人費解的，對《王卷》又作貶評：「王安石實在並不擅長書法……字法亦疾急不甚用意。」漠視蘇、黃以下歷代一致讚賞。日後上博在《藏品精華》中也作了對立的解釋：「雖行次緊密，少有空白，然無繚亂之感，其用筆似不經意，却有閒和蕭散之韻。」《木雁筆記》總算在 2000 年得啟功之助影印刊行，得見所錄作品與徐書相同者甚多，二人對《王卷》評價顯然有天壤之別。

收購之事告吹後父親無力還債，只好委託何冠五把《三賢卷》與《宋克卷》出售，何氏與粵籍藏家相稔，所以《宋克卷》為群玉齋李啟賢（1919－1984）收入，《三賢卷》則歸北山堂利榮森（1915－2007）。李氏去世後群玉齋藏品在 1992 年交由紐約佳士得公司拍賣，《宋克卷》為當地華裔收藏家所獲，1994 年台北故宮博物院借展，為《雲間書派特展圖錄》封面作品，數年前大都會博物館借展，有緣一見。利氏藏品遺贈香港中文大學文物館，2009 年訪港亦曾在展館中得見。售出二卷已足償還所欠，米卷也就得以保留。

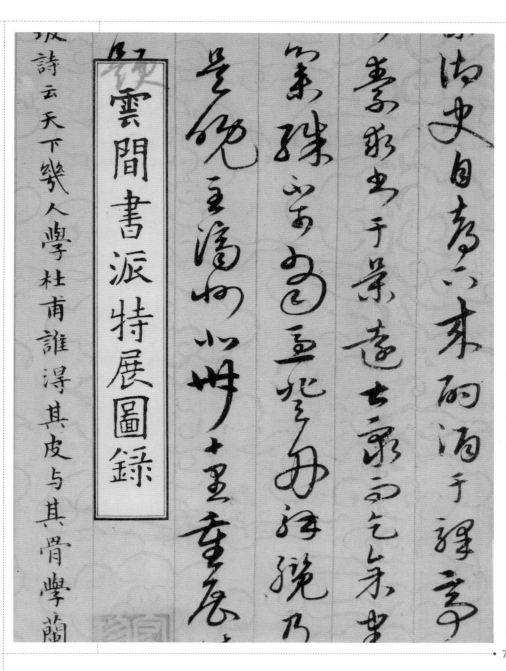

《雲間書派特展圖錄》封面

米芾《酬和魏泰詩帖》

《三賢卷》與《宋克卷》是元明間大家法書佳作，但相較於米芾（1051—1107）盛年佳跡《酬和魏泰詩卷》，藝術和歷史地位還是有距離的。在 1963 年僥倖不失，父親一直保存至卒。1983 年 10 月上海書局出版社以套色影印，刊行了《米襄陽魏泰詩真跡》原寸單行本。1984 年春值父親生辰，我一家三口回港賀壽，他給了我一本，三十多年來也一直保存着，重看過不少次，增進了一些認識，也解決了一些疑問。

父親的藏品我一般只見壁上所掛，手卷冊頁從不沾手，但見到單行本，就好奇問他原作可在，當時他大部分藏品寄存中文大學文物館，見我問及，就趁機提取回家，自己也可再把玩觀賞。作為一個見少識寡的外行人，當時我第一印象就是原作紙墨色澤有一股舊氣，在印本中紙色是以單色作假背景，沒有任何變化的，墨色的殘褪則還可見到，但不如原作的濃淡深淺層次分明，印本後簡介：「除書法精湛外，古色古香的墨色、

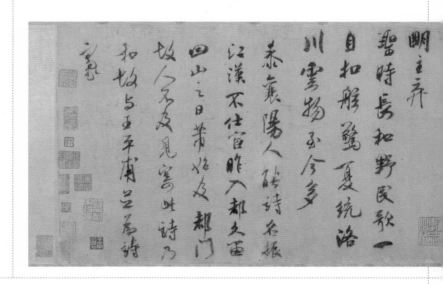

米芾《酬和魏泰詩卷》

紙色、印章顏色，亦加強了藝術魅力。」每閱此句就可惜這印本限於當年印刷技術或成本，未能把「古色」忠實傳達。也許因而對「古色」敏感，近年在拍賣展覽見《功甫帖》，第一印象就是奇怪何以墨色欠缺變化，從而關注了後來的熱鬧爭論。

對《酬和魏泰詩卷》的另一個外行印象就是卷首「乾隆御覽之寶」大印，威嚴懾人，但日後就明白是民國早期無知商賈添加，由卷後羅天池（1805－1866）丙午年（1846）題知其在「辛丑正月（1841 年初），得之都門」，並非宮藏。羅氏為廣東新會人，道光六年（1826）進士，富收藏，工書畫，與黎簡、謝蘭生、張如芝並稱粵東四大家，曾任職雲南，道光二十七年（1847）辭官歸里，其後此帖一直在南方流傳，由印章知曾為潘仕成（1804－1873）、伍元蕙（1824－1865）、裴景福（1854－1924）等各廣東大家遞藏，並刻入潘氏《海山仙館法帖》及裴氏《壯陶閣帖》。溥儀散出書畫事在 1922 年後，內府舊物為人

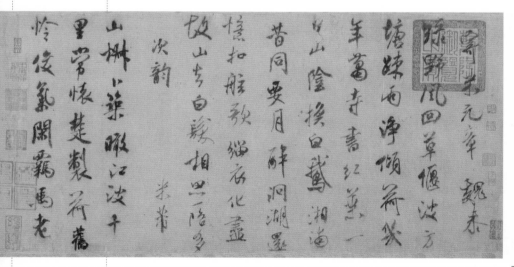

所慕，鈐印規矩當初還未廣為人知，但攝影製版印刷技術則已相當成熟，所以真跡會被人加鈐偽印以惑人增值，致有「乾隆御覽之寶」「嘉慶御覽之寶」之類孤印出現在真跡上。

　　卷上宋高宗「紹」「興」印也疑為後人添加，不見其他內府印如「御府圖書」之類，紹興年號共三十二年（1131－1162），始於米芾卒後二十四年，內府所藏以晉唐大家名跡為珍貴，今見者常鈐有「宣和」「紹」「興」等印，米書當時雖為人重，紹興年間也有刻帖，但未必是宮廷庋藏對象，上博所輯高宗印譜中共有七套「紹」「興」連珠印而無此帖上者，其他米書如《研山銘》《海岱帖》有「紹」「興」印，亦不相同。由此推測偽清宮印是裴景福卒後藏品散出才添，〈紹〉〈興〉連珠印亦存疑，曾見人有疑此卷為偽作，可能與這些宮印有關，但作偽者是絕不會加上羅天池道光年間三題，潘、伍、裴等南方人印章，而且潘、裴刻帖是事實，證明晚清時卷已在廣東流傳。加鈐偽印在乾隆以前以柯九思、項子京、梁清標等最常見，因為是元明清三代最著名鑑藏家，而且無藏品記錄可查對，乾隆後清宮藏品有《石渠》三度著錄，不見錄者仍可偽添宮印，再加親王近臣之屬印章，以賞賜解釋作品出宮，但這類小心作偽者會按內府規矩鈐印，不會只鈐添一孤印。

　　在羅天池收藏之前也有元、明、清三代收藏歷史可考：卷上藏印最舊者為「荊溪書屋」，相信是元代至正年間御史曹德昭，《石渠》初篇錄倪瓚至正七年（1347）《荊溪書屋圖》題贈曹氏，詩言其人「僦居荊溪上」，同時人吳克恭、釋大訢也有詩贈曹氏，稱其為御史、台郎等；另有一「隆安張氏」舊印，未考其源。拖尾金元人張孔孫（1233－1307）跋於至元乙酉

（二十二年，1285）七夕，署隆安張孔孫，張氏金時有文名。

原卷相信有不少題跋，今僅存明代劉淮弘治壬戌年（1502）一則，由印章知為御史，王世貞《弇山堂別集》卷九十四、九十五有錄其人事跡。清初此卷為孫承澤（1593－1676）《庚子消夏記》著錄，卷一記當時為友人南昌朱徽（1631年進士）物，與曹溶所藏《叔晦帖》及《秋山詩稿》同譽為「超逸絕倫，未有多也，余借之上石」，刻入《知止閣帖》。民國期間流傳由藏印知裴景福（1854－1924）後經李品仙（1890－1987）手，有「鶴齡李品仙章」，李氏原籍廣西，曾任軍團司令，再後為張大千所獲，然後轉入父手。

高水平賞鑒家首重書法本身，題跋印章在流傳過程中可加可減，只屬參考性質，一般難以作準，更不會因一方宮廷偽印而搖動信心，張珩《木雁筆記》1961年有錄宮印而不予討論，評「此卷書法秀勁姿媚，乃米老中歲時作，宋紙完好，墨色湛然，米卷中亦稱佳品」。羅天池在卷後跋稱「超絕、神絕，刻本只得二三耳……如此佳妙，何可再得耶」，「於又得澄清堂帖，為寶澄堂同貯之珍」，羅氏因得南唐祖拓王羲之《澄清堂帖》而名其室寶澄堂，稱米卷與王帖為「同貯之珍」，可見其重視。所言「刻本」，相信是指清初孫承澤（1593－1676）所刻《知止閣帖》，拓本與影本相較亦不如，與真跡神髓當相去甚遠，所以「只得二三」是必然的。

要體會前輩高人讚賞，可將帖中一些字與公認米芾名作對比，例如「襄陽、風、氣、葉、夏」等較複雜的字在《蜀素》《苕溪》等名帖也有，並比就明白何以形容為「秀勁姿媚」，「超逸」「神絕」，也明白何以「米卷中亦稱佳品」。董其昌謂《蜀

素》「如獅子搏象，全力以赴」，《魏泰》卷則如舉重若輕，溫雅從容，剛柔並蓄，如「風、氣」二字的迴鈎姿態是他帖不見的。《蜀素》《苕溪》作於三十八歲，《魏泰詩帖》卷末雖不記年，創作時間可考訂在四十六七歲，所以較為成熟，張珩由書法即知為「中歲時作」，亦可見其眼力之準。

《魏泰詩帖》的創作背景及年份可由兩則資料明白。其一是米氏詩後自識：

> 泰，襄陽人，能詩，名振江漢，不仕宦。昨入都久留，回山之日，芾始及都門，故人不及見。寄此詩，乃和。故與王平甫並為詩豪。

其二吳廷《餘清齋法帖》中魏泰《王羲之十七帖跋》文（《中國書法全集》第 41 冊）：

> 余以紹聖丙子遊京師，丞相章子厚（章惇）欲觀余家《十七帖》硬黃，會此留書襄陽，比取至京則余將南歸，已別子厚矣，因託西樞曾子宣（曾布）以示子厚，此其答子厚之簡也。八月一日臨漢魏泰道輔記。

二人各言出入京城錯過，不及一見，當為同一事。魏泰家藏有王羲之《十七帖》硬黃本，即上石前由以臘紙覆蓋原作上所製雙鈎本，「紹聖丙子（1096）遊京師」時章惇（1035－1105）聞之欲觀，因米芾亦居襄陽（湖北），留書請攜入京，襄陽離京城（河南開封）數百公里，來回需要不少時日，所

以魏泰當時在京城一定「久留」了一段日子，但計算日程，米芾抵京時已近歸期，所以預請曾布（字子宣，1036－1107）代示章惇。曾章之間因而有遞還書簡來回，章惇答曾布的謝簡自必有讚歎之辭，曾布把章簡連帖交還，魏泰重裝於帖後作為題跋，再自題解釋章跋來由，日後《十七帖》重刻就多此二跋。米芾謂魏泰「回山之日，芾始及都門，故人不及見」，當指此紹聖丙子之事，時年四十六。曹寶麟推測此帖書於四十七歲，因米芾於紹聖丁卯初曾入都，這也是可能的，因為魏泰丙子「入都久留」可以留到新歲，但其《十七帖跋》只紀「八月一日」而不紀年，一般情況可假定在同年，不論如何，書帖在四十六七歲間是可肯定的。

魏泰留簡米芾帶帖入京時已多時不見，因而賦〈寄米元章〉一詩：

> 綠野風迴草偃波，方塘疏雨淨傾荷。幾年蕭寺書紅葉，一日山陰換白鵝。
> 湘浦昔同要月醉，洞湖還憶扣舷歌。緇衣化盡故山去，白髮相思一陪多。

詩中回憶昔日月夜湖上泛舟，飲酒高歌。米芾抵京錯過故友，自也〈次韵〉一詩回寄：

> 山椒卜築瞰江波，千里常懷楚製荷。舊憐俊氣閒羈馬，老厭奴書不玩鵝。
> 真逸豈因明主棄，聖時長和野民歌。一自扣舷驚夏

統，洛川雲物至今多。

按《宋詩紀事》卷二十八，魏泰〈寄米元章〉詩刻入《淨名齋帖》，並註：

> 魏泰。泰字道輔，襄陽人，曾布之婦弟，為人無行而有口……《桐江詩話》：「道輔試院中因上請主文，恃才豪縱，不能忍一時之忿，毆主文幾死，坐是不許取應。」《潘子真詩話》：「道輔博極羣書，尤能談朝野可喜事，亹亹終日。」

所以魏泰雖然才高博學，因品行不佳而不為朝廷任用，米詩稱其為「真逸」而為「明主棄」，自己在朝亦不礙友情，仍尊其如西晉高人夏統之隱居不仕，「長和野民」之歌。

這詩帖後既介紹魏泰其人，當非為魏泰而書，又無上下款，所以亦非贈他人之作，最可能是在寄詩魏泰後有感而書的自存作品，書畫家往往在自我追求藝術境界時的靈感創作最為出色，與日常手札及應酬作品的心態大有分別。二人唱和涉及書法，魏泰「一日山陰換白鵝」句恭維米書上追王羲之，典古出自《晉書・王羲之傳》：「山陰有一道士，養好鵝，羲之往觀焉，意甚悅，固求市之。道士云：『為寫《道德經》，當舉羣相贈耳。』羲之欣然寫畢，籠鵝而歸，甚以為樂。」米詩自謂「老厭奴書不玩鵝」，一方面自謙厭惡書法不佳，也表示力求另闢途徑，不讓王羲之尊美，心有所思，下筆自然刻意用心，行字間距疏密也保持一致，這經心之作僅留以自存，自然不須落

年款。

　　米卷在父親卒後為家人在美國委託經紀出售，去向不明，近年方知為德國科隆東亞藝術博物館（Museum für Ostasiatische Kunst Köln）所購藏，相信是父舊藏宋元作品中唯一外流的一件，若非因張珩在收購過程中遽然去世，當亦已回歸故宮。

卷三　君子固窮

在 1963 年得保米卷不失後，家境日益困難，在 1964—1968 年間父親支持四子女連接出國留學，1966 年「文革」爆發後，國內家人亦需外匯照顧，經濟窘逼，不足為外人道，許多人在這情況下會讓兒女在港台唸大學，或就業謀生，他也大可把王卷或米卷出手，但他卻一方面以兒女前途為重，另一方面保持自己對故友承諾，堅守王卷不失，至卒後送回上博，其中難處可以想像，數年間手上明清佳作難免陸續散出，近年見紐約亞洲協會藏有髡殘（1612—1692）《山邨圖軸》（《群峰古寺圖軸》），克里夫蘭藝術博物館有法若真（1613—1691）《雪山圖書畫卷》及程正揆（1604—1676）《江山臥遊圖卷之九十》，三圖中前二者皆有何冠五印章，因有不少藏品經何氏手，高居翰教授也自言在此期間得購父藏數事，吳彬《山水圖軸》為其中表表者，稱乃其生平耗資最鉅的一件藏品，但當年吳畫價格還不足支付海外子女一年費用，今日這等作品都已升值千倍。這些明清作品雖都是大名家的真跡佳作，在國內各大博物館也不缺乏，不能與米芾代表作比較，更不可與張珩所言四大北宋名臣墨跡並論，此四卷中除王卷外皆清宮舊藏，今分存中國國家圖書館及兩個故宮博物院，王卷在民間數百年，最終入藏上博也是恰當的歸所。由此可見父親雖然在無可奈何的情況下把藏品出手，仍然保持着一定的原則和宗旨。

在藏品流散期間，有兩件事給我留下特別深刻的印象。1964 年夏，長姊率先往紐約留學，我當時才剛小學畢業，也知道父親要變賣藏品維持家用。在她出門的當晚，見父親在點數櫃裏書畫，我好奇問他還有多少東西可賣，他拿起一卷說「這可以支付二姊出國了」，又拿起另一卷說「這可以支付大哥

了」，歎一口氣，又說「二哥就慢慢再看罷」，我排行第五，見他沒再數下去，就回應說：「我將來在香港讀書就可以，你不要為我賣了。」四年後二兄往加州，所賴就是偶獲的吳彬軸，當時高教授先付款一半，畫收到後若不合意可退回，但至翌年方決定完成交易，付了餘額，日後撰文亦言及當年猶豫多時，其間英文書信往來我當父親代筆，所以相當清楚他的焦慮。

另一事是 1968 年二兄出國時渴望買一部照相機，價約數百港元，較其他費用是小數，但父親支持四個子女留學實不容易，以為可省就省了，二兄頗有怨言，四兄弟中長兄如太子，幼弟是寵兒，我們中間二人是難兄難弟，我小時過年的利是錢都存入銀行，總數恰够照相機價，就把存款都給他買了，謂何日他畢業自立可再還，我也無別用。數月後父親手上有餘資，就還了給我，可見當時的確是觸襟見肘，有心無力。

又一年後，我在讀大學預科班，父親仍鼓勵我出國，但既已目睹吳彬軸付款之曲折，每學期也看到兄姊索款的家書，心明僧多粥少，就留港考讀中文大學物理系，當時一年學費大約就是一部照相機的價錢。四年後申請芝加哥大學研究院，幸獲獎學金，免交學費，另外擔任助教，每月收入足够生活費，

王樸仁大學畢業與王南屏合照，1974 年

只須父親支助單程旅費和添置一些冷天衣物即可。他聞說芝加哥治安不佳而冬天嚴寒，也從未聞芝大之名，有些擔心，我告訴他芝大是楊振寧和李政道出身的學校，他才放心。在接到學校通知取錄後不數日，告訴我費用已籌

備好，原來當日上午在集古齋選購了兩扇頁，中午在敏求精舍聚餐，即為舍友要去，這一轉手所得已足我出門所需，實現了十年前的一句孩子話，不用出售任何藏品。

在 1970 年入大學時，父親經濟情況已轉趨穩定，所以在我讀大學期間幼弟已赴加拿大唸中學，六子女中只剩我一人在家。在中大崇基學院畢業時，父親才首次得以參加兒女的大學畢業禮，欣慰之情從未之見，十年艱辛一直以支持兒女教育為目標，至此只剩幼弟一人仍須負擔，終線已在望。兒女中我自小與父親最隔膜，出生時父母分居，三年多不知有父親，照片也沒一張，但在家眾兄姊出國後我留港六年，得以重新建立了父子感情，實為僥倖。此期間一直擔任他的英文代筆，與西方學者通信，又得見一些新藏入門，對書畫產生了好奇心，三十年後因懷念父親而想到自行研習，以增加對他的認識，如與先人對話，偶有所悟，亦屬無心插柳之事。

法若真《雪山圖書畫卷》

程正揆《江山臥遊圖卷之九十》

髠殘《山邨圖軸》（《群峰古寺圖軸》）

在六十年代經濟左支右絀時散出多少明清佳作已不可考，其中最重要的相信是吳歷（1632－1718）名作《墨井草堂消夏圖》，價讓予王己千前輩（1906－2003），以為保留在相稔的資深藏家手上，在經濟解困後或可購回，且王氏攜卷回美，香港業界一時間不會知道父親窘境，惟王氏旋即在紐約轉售於當地收藏家穆思（Earl Morse，1908－1988），1968年在紐約大都會博物館展出，用作為展覽圖錄封面，1977再轉售入館。我小時在家常聞此卷之名，未曾一見，1993年初《董其昌世紀展覽》巡展至紐約大都會博物館才首見，注意到父親藏印，又見展出程正揆《江山臥遊圖》二卷，俱有父印，一為前述之《卷九十》，前未曾見，另《卷一百五十》更佳，在1970年目睹入門，其後得高居翰教授推薦，於1975年為洛杉磯郡藝術博物館收購，近二十年後重見，物在人去，不勝唏噓。

吳歷卷為過雲樓顧子山（1811－1889）舊藏，後入費念慈（1855－1905）歸牧堂，再傳至費子詒。此卷在父藏中有特殊地位，所以在遺稿中有記昔年得卷過程：

> 1946年夏汲古閣主人曹（友慶）君欣然來告：吾邑費氏所藏吳漁山《墨井草堂消夏圖》有出讓意。此為其藏件中之尤物，稽留至最後方出手者，惟價昂要黃金十兩，當時實為高價，且宿知費氏不喜人議價，無可減折。乃勉允之。次日曹君來，云費氏夫人不允售此卷，二老大起衝突，懇釋前議以解紛。予不得已之，然以未得一見為憾。越二年，此卷復出，昂值至黃金五十兩，益以五兩酬曹。當時固駭人聽聞者，然二年中心縈此

卷，無時或釋，一旦得償宿願亦不復計較矣。

父親撰稿時已在失卷後近二十年，可見仍「心縈此卷」，當年得卷時欣喜不已，邀張大千、葉恭綽二前輩觀題：

漁山真跡二十年來凡見數本，《陶圃松菊》《會稽書屋》皆仿山樵，《興福庵感舊圖》為聖予上人作，大青大綠，出入漚（鷗）波父子，皆為並世至寶。此自寫其《草堂消夏圖》，寄許青嶼者，墨韻澹遠，筆勢渾淪，全師燕文貴，遠在三圖之上。蓋青嶼與之至契，乃有此徇知之作也。丙戌（1946）十一月朔南屏先生出觀囑題。蜀郡張大千爰。

石谷夙與墨井齊名，但吾向揚吳抑王，以胸襟品格迥不相同也。墨井之奉天主教，近乎逃世，懷有不帝秦之意。其与許青嶼相契，亦緣同一信仰，非泛泛之交，其文字往來特以表意耳。但其畫特工，固自可貴。民國三十六年（1947）四月葉恭綽獲觀因題。

吳歷雖然高壽，活到八十七歲，但五十歲皈依天主，餘生致力傳教，所以作品在清初六家中最為難得，《墨井草堂消夏圖》作於己未年（1679）四十八歲，是藝術顛峰時期名作，鄭振鐸《偉大的藝術傳統圖錄》亦選此為吳歷代表作，相信是父藏中唯一在生前外流的頂級作品。程正揆《江山臥遊圖》有謂其平生共作五百卷之多，所以去手兩卷如過眼雲煙。

在父藏中還有吳歷另一名作《鳳阿山房圖軸》，為何冠五

舊藏中之精品，上有其藏印多方，《田溪書屋藏畫》冊亦有載，裱邊有張大千戊寅年（1938）題：

> 昔年於古都曾見鳳阿山人畫像，上有楊大瓢（楊賓，1650－1720）、宋射陵（宋曹，1620－1701）諸人題詩，他時當為冠五道兄求得之，以為雙璧，此幅紙質甚生，用墨益見生動，為可貴也。戊寅閏七月，大千張爰。

圖下角有張善孖及大千印數方，可信為其舊藏，轉讓時題書。在 1943 年及 1947 年大千曾以青綠法繪二仿本，前者曾為祖父收藏，聞今存上博，後者近年曾出現於國內拍賣會，題云：

> 生平所見漁山畫不下七六幅，要當以《鳳阿山房》《陶圃松菊》為最。《陶圃松菊》效黃鶴山樵，崇崗絕巘，萬點朱砂，濃攢密綴，絢爛如錦步障。《鳳阿山房》澹墨細皴，兼李范筆法，古味盎然，溢出豪楮。此用「鳳阿」佈局，以青綠出之，濃麗與「陶圃」相儷也。丁亥秋日寫於成都昭覺寺。明年，戊子三月，攜來海上始克成之。蜀郡張爰大千父。

何冠五原籍廣東三水，在廣州營商，後居香港，因營商失敗而散出藏品。畫冊中髡殘《山邨圖軸》亦為父所得，吳軸下角有葉恭綽鑒賞印而石谿軸無，估計父親得二軸於旅港後，吳軸在 1950 年葉公回京前曾過訪相示，裱絹右下方鈐了「武進

王氏」「南屏珍藏」套印，也是一直在香港所用。石谿軸為後來入藏，鈐「南屏珍藏」及「玉齋」印。不憶小時在家中嘗見此二圖，近年方悉吳軸存在上海，在 1980 年前後上博向祖父徵集入藏，為吳歷代表作之一，近年屢見展出。估計父親或因祖父得張大千 1943 年所繪青綠仿本，在香港得吳歷原作後就帶回了上海給祖父，也補償自己把《墨井草堂消夏圖》攜去了香港。石谿軸相信在六十年代出手，輾轉入紐約亞洲協會。

吳軸邵松年（1848－1924）《古緣萃錄》有錄，為吳歷四十六歲（1677 年）時為友人侯大年（原名開國，字鳳阿）所作，侯為明末烈士侯岐曾（1595－1646）之孫，在清初文壇名氣甚高，廿六年後（1703）王石谷為題，推崇備至：

> 墨井道人與余同學同庚又復同里，自其遁跡高隱以來，余亦奔走四方，分北者久之，然每見其墨妙，出宋入元，登峰造極，往往服膺不失……余欲繼作，恐難步塵，奈何，奈何。

又稱此圖與倪瓚《獅子林圖卷》及沈周《奚川八境圖卷》「並垂天壤」。《穰梨館過眼錄》卷三十八記《吳漁山鳳阿山房圖冊》二冊三十七頁，朱彝尊題引首兩頁，第一開為吳歷《鳳阿山房圖》，對頁長詩首二句云：「鳳阿山房梧與竹，憶昔曾圖宣紙幅……」可見繪圖頁在軸後，惜未紀年，其後數十人為侯大年題詩作畫，包括姜宸英、宋駿業、顧嗣立、王撰、上睿、王敬銘、楊賓，可見交遊甚廣，有紀年者最早亦在乙丑（1685）夏，這時吳歷已在傳教。

現存大都會博物館的吳歷《墨井草堂消夏圖》

In Pursuit
of Antiquity

1968 年紐約大都會博物館展覽圖目以吳歷
《墨井草堂消夏圖》作為封面

吳歷《鳳阿山房圖軸》有王石谷題，今存上博

江山臥遊圖其一百五十

此圖作于壬午十一月
十有六日經營小幀
隨興二月十六日凡
凡以人事雖閒室間
夕始得以悉計凡
四幅構紙長一丈六尺
青溪道人

程正揆《江山臥遊圖一百五十》

在父親遺稿中對收藏要義有此闡釋：

> 世間名跡來歸，個人能盡保護之責矣。然世事變遷不定，未必人人都能終生永寶，其時委付何人，亦宜有所選擇，不可輕易與人。必也視其所好，觀其所成，確能有尊重庋藏之願者方可付託。曷或本身固能傳襲珍藏矣，然子孫未必亦能同嗜，當如何以安置，此尤為收藏之要義。須知一書一畫之成，是古人殫心竭慮，窮一生之功，以本身藝術思想參合今古造化而得。吾人既知其文化價值，便當思所以發揚之，不可僅視為玩物而已也。故藏於私篋未盡藏也，其當不以祕藏為寶，能以公諸同好為樂，使世之有志於文化藝術之徒，俱得而參觀之，研究之。俾藝術瓌寶能普藏於眾人心目之中，此為藏之更大意義也。願世之藏者三復斯言，於人於物俱是無量功德焉。

由此就不難明白他在五十年代把香港藏品之精華一一回歸故宮的原因，若只為經濟需要，銷售到歐美日本當時肯定是更有利的。2012年上海博物館舉辦《翰墨薈萃》展覽，由美國四大博物館借展六十件五代宋元作品，其中就找不到一方父親藏印，明清名作如《宋克卷》及吳歷卷流出海外也是他出手後或卒後無奈之事，原因是他為求「盡保護之責……有所選擇」，選擇的條件無疑是受葉恭綽教誨所影響，以下一則故事足可證。

葉恭綽在1961年5月出版《遐庵清祕錄》，記述昔日所

藏書畫至精者 119 件，其中黃庭堅《伏波神祠詩卷》有文徵明題，稱其「雄偉絕倫⋯⋯嘗於石田先生家觀此」，葉公後題許為「世傳山谷法書第一，吾家宋代法書第一」。此前在 1960 年出版《遐庵談藝錄》中亦提到此卷：

> 余蓄之十餘年⋯⋯寇佔香港俘余解滬，以不受敵餽，經濟甚窘，乃與他物皆售與王南屏，王少年喜收藏，余因將劉（墉，1719－1804）札亦並贈之，以為此卷得所慶，不料數年後始知其仍以售之外人，時余已北來，欲請政府向王收購而已不可蹤跡矣。

其實《伏波神祠詩卷》與父親全無關係，由葉公手上購得者為譚敬，後經朱省齋作介轉手張大千，攜往東京後流落當地，朱氏知道真相，曾數次在報刊雜誌撰文提到前因後果，所以讀葉公書後即在 1962 年 12 月 2 日再發表一文糾正其誤，題為〈讀《遐庵談藝錄》：代為更正一個小小的錯誤〉，12 月 30 日葉公柬覆謂：「不知何以一時記錯了，承代更正，甚感。專此道謝，並向南屏致歉。」翌年 2 月 6 日登報發表〈柬省齋先生〉全文，並撰一短文更正。

1962 年時葉公已年逾八十，老人家偶爾失憶不足為怪，但由此一事可以明白他對保存國家文物極其重視，雖然當時父親已最少有十多件精品回歸故宮，只因他自己誤會有一件外流，即在書中公開責難。兩年葉公後出版《遐庵清祕錄》，卻又忘記自我糾正前書之誤，引致數十年來不少讀者誤會，以為黃卷外流乃父之失。半世紀前在香港登報道歉的短柬早已煙消

束省齋先生　遐翁

省齋先生：我一病數月，昨友人寄示您那篇說黃山谷伏波神祠詩帖的文章，談到我實際非讓與王南屏而是讓與譚區齋，思之誠然，且前此曾有詩為證，不知何以一時記錯了，承代更正，甚感。專此道謝，並向南屏致歉。拙詩附錄於下，請鑒。至此帖聞亦早不在譚手，未知下落，可嘆也。

十二月卅　遐翁

伏波神祠詩帖，為世傳山谷書第一，由劉石庵家歸陳篔齋，轉入顏韻伯手。韻伯先得東坡寒食帖，誇為雙璧。當估人攜來時，余適在韻伯所，余不欲纍奪，遂歸韻伯。後韻伯以寒食帖與日人，余因以物與易此帖，免流國外。但余頻年顛沛，復有慢藏之懼，遂轉歸和庵，感成此什。黃書第一馬祠詩。定論由來不可疑。祗為韻公乞粥米。遂令白傅罄楊枝。藏珍潘孔君應跨。易主陳顏我不私。從此江虹看越火。難忘淚滴硯山時。

雲散，僅父親剪留了片紙貼在葉書中，近年翻閱始為發現，可見他相當重視，但生前從未聞述。再蒐查朱文，發現重刊於其《藝苑談往》一書中（1964年香港上海書局出版），有關黃卷流失之事，原文撰於1955年，收入新加坡世界書局出版《書畫隨筆》一書中，至1964年復撰一文再述始末，亦納入《藝苑談往》，這些舊書，知者甚希，但也總算是歷史見證，可澄清事實，以洗一時不白之冤。

在中學期間我目睹父親櫃中藏畫一直減少，但由於歐美收藏家不注重書法，論市場價格是書不如畫，所以有機會他就收入書法補充，憶家壁上惟此時首見清人法書掛軸，如王時敏《隸書東坡贈何聖可語軸》、金農《漆書南史孔淳之傳軸》、鄭板橋《隸書禹碑軸》及黃慎《草書詩軸》，是中學至大學期間所常見，後來刊錄於《明清書畫選集》，明代作品多屬手卷冊頁，甚少有見。常聞父親說歷來書畫等價，早晚會再看齊的，也就在我唸大學預科班的一年，父親的法書藏品給他帶來了經濟轉機。

1969—1970 年間，普林斯頓大學教授方聞（1930—）在香港大事收購書畫，後台買家是紐約區的一些美國收藏家，購入吳歷卷的穆思即為其一，方氏在 1968 年為其明清藏品辦展覽出版活動，吳卷選用為展覽圖目封面（*In pursuit of antiquity; Chinese paintings of the Ming and Ch'ing dynasties from the collection of Mr. And Mrs. Earl Morse*），由其學生傅申先生撰文介紹。另一收藏家名愛利得（John B. Elliott，1928—1997），在 1967 年剛得方氏介紹向張大千購入黃庭堅《贈張大同卷》與及鮮于樞《御史箴卷》，因而有志收藏更多書法。方氏在港時聞父藏有王安石、米元章名跡，即造訪求觀，父親表示為非賣品，但明清作品出手無妨，樂意相助在西方推廣書法文化，方氏就議價選了幾件明代名家法書卷冊。

父親習慣了手上有餘資時就蒐覓新購，不但是興趣，也常說是最好的投資。適逢某任職銀行經理的朋友找他幫忙，謂有人客欲以一卷書法名跡作抵押申請貸款，必須請他鑒定價值，父親一看，原來是趙孟頫《妙嚴寺碑》大字卷，乃譚敬舊藏。廿年前譚氏因車禍闖出人命而棄保逃回國內，急售了一批藏

品，但仍有餘物存香港家人手上，估計申請貸款者必為譚氏家人，查詢聯絡就出價購入了。方氏得悉，即求轉讓，為父婉言相拒，方氏心中不服氣，自己剛購入明清作品而父親馬上把售款購入趙孟頫名作，見獵心起就想出一計，要求退貨還款。父親出讓書畫向來有一規矩，不但保真，而且終生保值，在香港商店公司售貨是「貨物出門，恕不退換」的，他的書畫出手，買方任何時後悔物不值價，都可原價退回，總說這是收藏家與商賈之別，但他既用了款項購入趙卷，無法即時歸還，明知方氏有意為難，仍自重身份，不食言背信，就只好放棄趙卷作補償了，方聞也就退回大部分明人書作，只保留了王守仁《與鄭邦瑞三札卷》，二人自此後也不再往來。

當時譚氏家人手上還有一《元明古德冊》，集元明間十二禪僧墨跡，極為難得，父親亦有意購入，但由於趙卷出價太豪爽，第二宗交易對方就刁難索價，方氏也遣掮客四出打聽，聯絡上譚氏家人，隨即購入，後亦轉手予愛利得。愛氏去世後藏品遺贈普林斯頓大學，1999 年舉辦了紀念展覽，出版圖目 *The Embodied Image*，趙、王二卷與《元明古德冊》均在其中。

父親雖與方氏不交往，對他的學生仍歡迎招待，傅申先生在 1976 年畢業前自行造訪，相識後書信往來無間，1979 年出掌弗利亞藝術館（Freer Gallery）中國書畫部後着意增添書法收藏，數年間由父藏中收購了幾件明清作品，其中董其昌《臨右軍三札卷》和黃道周《自書詩卷》為葉恭綽舊藏，十年前方聞曾退還，十年後價格更高，這就是父親接受隨時原價退還的原因，所謂真金不怕紅爐火，他深明真跡難求，對自己眼光很有信心，作為收藏家買賣同價，購入作長遠投資，不論是否自

己舊藏，只要是真跡，價值必只升不跌。除二卷外，傅氏也購入王時敏及黃慎二書軸，皆失趙卷前後所增藏，又另一王守仁《三札卷》、張瑞圖《行書李夢陽詩軸》及陳洪綬《草書七言對聯》，為後來所獲。

得父藏書畫而求退者，所知唯方聞一人，當時除趙卷與《元明古德冊》外，還由譚敬家人購入另一元代名家柯九思的《上京宮詞卷》，此作有一雙胞本為程琦所藏，並自刻奎章閣印，引以為傲。程方二人皆為父所不交，各持一本，亦不可謂不巧，此作在乾嘉年間還有另一本，為揚州鮑漱芳收藏，有《安素軒石刻》拓本流傳，紙印俱有別，例如拓本上「丹丘生」印及「蒼」字蛀洞為譚、程二本所無，可肯定鮑藏為第三本，有趣的是三本「玉」字皆損，可知譚、程二本乃摹鮑藏本或拓本之作，單看一「蒼」字已可辨書法優劣。兩摹本中一般多以為譚真程偽，惟皆不見錄於《木雁齋書畫鑒賞筆記》，譚敬藏品廣為人知，朱省齋〈譚區齋書畫錄〉一文錄香港所見四十六件，此文後輯入《省齋讀畫記》書中，於 1952 年刊行，張珩與譚敬交往逾廿載，筆記中錄其舊藏尤多，但柯九思書跡僅選《皇極賦跋》及《五言詩帖》二題跋殘頁，並云「丹丘書跡傳世甚少，就予所見悉就徵錄，亦僅得此數種耳」，不錄《上京宮詞卷》而作此言，其意甚明。數年前蒐集資料查考，發現鮑藏母本亦有疑慮，未必為真，今此本已佚，無從再考，譚、程二本紙印書法與流傳歷史具多疑點，筆法疲弱，為臨摹之作無疑。更巧的是在方聞忙於向譚敬購入柯九思偽本之際，父親在台北得獲柯九思墨竹真跡，還收入了不少其他佳作，正如塞翁失馬，焉知非福。

赵孟頫《妙嚴寺碑大字卷》

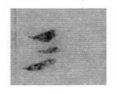

安素軒本

譚敬本　　　　程琦本　　　　安素軒本

安素軒本比較

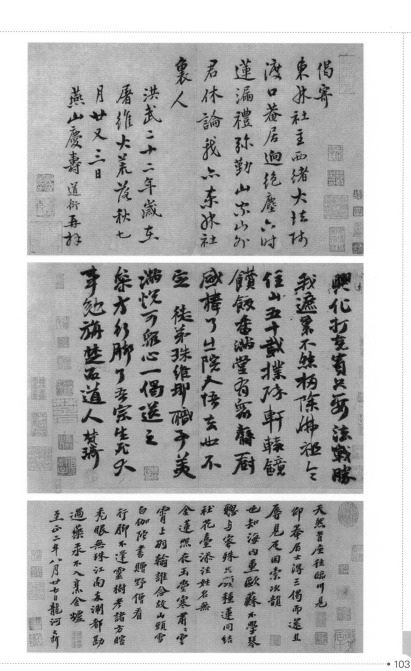

《元明古德冊》

明釋道衍行書《寄東林社主西緒大法師詩》（上）

元釋梵琦行書《送珠維那偈》（中）

元釋大訢行書《和虞集詩》（下）

卷四

萬木逢春

玄妙觀竹

　　方聞在香港大事蒐購時，父親想要收集新藏不易，但在台北有不少滬上舊識，包括與吳湖帆同輩的名畫家溥心畬、前滬上銀行家吳普心（1897－1987）、密韻樓蔣汝藻之子蔣穀蓀（1902－1973）等。王安石卷入門時也曾攜示溥氏，翌年溥氏即去世，至1970年初，父親已數年未到台北，即專程拜訪前輩舊交，求觀所藏並指引收購。還記得他在春節前返港，帶回家十多件書畫，是我首次見到他大批增添新藏，當日滿載而歸，一一展示，興奮之情歷然在目。尤其記得他講述收購過程，謂在賓館日觀捐客攜示書畫愈百，許多畫軸打開一段即捲攏不看，客皆為之目眩，前所未見云。多年後參與耶魯大學籌辦玉齋展覽，邀請密西根大學武佩聖先生為圖目撰文，憶述父親於1978年訪問大學藝術館，觀其所藏也是同樣作風。愛華慈教授莫明其妙，聞人見徐邦達有此習而號其為「徐半尺」，其實有經驗的賞鑒家常由紙、墨、印色澤入手，一見不對就的確不用再看了，掛幅展開一段見題字書法不對也不用再看，一展一收費時失事，無須客氣。今拍賣預展把作品展開陳列，效率就更高了。

　　在這批入門新藏當中給我印象最深者有三：一為惲南田《國香春霽圖》，得於思學齋吳普心，另二為柯九思《臨石室先生（文同）戲墨圖》與張遜《鈎勒風竹圖》，皆得於蔣穀蓀。惲畫設色以沒骨法寫牡丹，色澤鮮明，兩幅元代畫紙絹暗舊，為家中壁上嘗未曾見，與惲圖成一強烈對比，柯以雙併絹濶幅寫倒垂竹一枝，大筆揮灑，原來印章已目不能辨。張在狹紙條幅上寫風竹，細筆鐵畫銀鈎，款印俱無，二圖竹法截然不同。當時我在唸大學預科班，準備攻讀物理，對家壁上書畫來去甚

少關注，這些畫家何人一無所知，也能直覺到是非凡之品，充滿神祕感，要四十年後有暇查考才認識可貴之處，下文另述。

另一件家壁常懸的畫作是法若真（1613－1696）《臥坐西山圖軸》，此前未聞其名，更不識題書中人物，只覺得山水風格很特出，聽他說亦得於吳普心，價錢頗高云，多年後才明白此圖對父親有些特殊意義。一方面他很欣賞法若真的書畫，緬懷失去了的《雪山書畫卷》，另一方面，軸為周湘雲（1878－1943）舊物，右下有「古董周氏寶米室祕笈印」，周氏因曾收藏米芾《太后輓詞帖》及米友仁《瀟湘白雲圖》而取「寶米室」名。父得其《太后輓詞帖》而另獲《瀟湘奇觀圖》，三卷曾同在董其昌手，董題《奇觀圖》後於乙巳年（1605），云：「《瀟湘圖》與此卷今皆為余有，攜以自隨，今日舟行洞庭湖中，正是瀟湘奇境，輒出展觀，覺情境俱勝也。」周氏去世之際父親才剛始窺門徑，自必仰慕大名，見其所賞識的法若真畫亦必更感興趣。

1993 年在《董其昌世紀展覽》得見故宮所藏法若真六十九歲為次子法樟作《天台山圖卷》，煙雲滿紙，與米畫有異曲同工之妙，但作淡設色，且長逾十三米，令人歎為觀止。另一大掛幅為瑞典斯德哥爾摩博物館藏品，氣勢如排山倒海，雖不落款亦知非法若真不能為，見此一卷一軸才明白父親特別欣賞法若真作品的原因。《臥坐西山圖軸》為其六十一歲時所作，自識：「癸丑（1673）秋日，阿八郎問畫，老夫灑墨，海文、仲玉二先生成之。」由《黃山詩留》可知若真共生九子，前四名檁、樟、楠、枚，餘者以排行稱，「阿八郎」相信指八兒。法若真在《黃山年略》中自記生平一甲子事跡，至六十一歲

止，從而知其五十七歲時喪嫡母趙氏，服喪三年後「八月服闋來京，日以詩畫自娛，賴少司農魏公分（象樞）俸米度日」，翌年癸丑「自京歸里葬先太夫人」，並為祖父母合葬，又為自己預立墓石。仲玉即山東膠州同鄉摯友楊琇，晚年與弟楊珀一同隱居黃山，二人與法若真交情之密切在《黃山詩留》有不少記錄，例如卷十一錄七十五歲〈題五老圖詩〉：「楊仲玉琇，名士，少負異才，善書畫，老黃山之後村，年八十一，膠州人」，又「楊五玉珀，名士，年六十五，不事詩書，能孝，弟友諸兄同居黃山後村」，又自謂「法黃山若真，以病辭徵試，歸黃山者九載，年七十五，聊以自嘲」。所以法若真歸隱黃山時六十六歲，《臥坐西山圖軸》為六十一歲歸里葬母時所作，「灑墨」構圖後由楊琇和另一友人海文合作完成，三人「釃酒白露，高唱黃花」，可信當時已自立墓石，無意再出仕，五年後歸隱黃山。題畫者魏象樞（1617－1687）為山西蔚州人，與法若真為順治三年（1646）同榜進士，官至刑部尚書，二人為官清正，均有剛正不阿之譽，乃畢生知交，所以法若真六十歲入京時在魏家寄居，魏有《寒松堂詩集》流傳，題畫當在多年後，友人「巢雲都老科掌」得畫而應邀為題。所以此圖甚富歷史意義，包含了畢生兩知交的墨跡。

　　《吳山歸老詩畫卷》大約在 1982 年前後在紐約拍賣，為著名古董商安思遠購入，2010 年再拍賣出手，我在預展時得以重觀，才了解實為二十三位明代學士書贈文徵明祖父文洪（1425－？）及父親文林（1445－1499）之作。文洪字公大，成化元年（1465）舉人，十一年（1475）再舉禮部乙榜，官淶水教諭，未滿三年一任即退隱歸吳（蘇州），當時才剛五十四

歲，可能是因文林在成化八年（1472）中甲榜進士，官階在其上，就無心眷戀仕途了。成化十五年（1479）文林入京，同榜狀元吳寬（1435－1504）及其他禮部學士二十人以未曾為文洪退休道別為憾，以唐李嘉祐句「未滿先求退，居閒不厭貧」十字分韻賦詩，集成一卷以贈，由蕭顯題「吳山歸老」四大字引首，李東陽（1447－1516）撰序，所以是很富歷史性的書卷，收錄了二十三明人墨跡，相當難得。姚綬（1422－1495）乃浙江嘉興人，與文洪年齡相若，天順八年（1464）二甲進士，官監察御史，成化初因得罪權貴，謫為永寧知府，以母老解官歸，造滄江虹月舟泛遊吳越，可能在此時與長洲文氏交往，為詩卷補圖，可惜圖上無款題，僅得「公綬」一印，疑原圖大部分為人割去，只餘一段，但仍不失為佳作。

台北一行收獲無疑是父親收藏歷史中一個轉折點，也是拜方聞之賜，《妙嚴寺碑》大字卷雖然不保，卻是塞翁失馬，得款購入十多件作品更勝，除柯、張二元人墨竹外，其他明清作品在 1975 年出版的《明清書畫選集》圖冊大都有刊載，記憶中還包括馬元馭《落花游魚圖軸》、吳寬《行書上元夜鄉會詩軸》及集中一些其他法書掛軸，有部分為弗利亞藝術館購藏，馬元馭畫軸在父卒後亦為弗館所購藏。

法若真《卧坐西山圖》

《吳山歸老詩畫卷》由蕭顯引首，李東陽撰序，集吳寬等廿三人詩贈文氏父子，姚綬補圖

《吳山歸老詩畫卷》詩序和《吳山歸老詩畫卷》吳寬題字

從一些作品可以追索昔人交往之情，例如張遜竹軸款題早被割去，吳湖帆曾在 1936 年為張蔥玉題籤，定為管道昇所作，翌年在 5 月 17 日日記中自承乃「擬疑之辭」，因讀李日華《六研齋筆記》而復揣測為明初王藥所作。《張蔥玉日記》在 1938 年 5 月 3 日也提到此圖：

> 臨翁（湯臨澤）來約觀書畫展覽，共三處：一李姓者，差佳；中錢穀《芭蕉》、鍾雪《萱花》、陳枚《墨梅》、藍濤《山水》，俱可玩；又《雙鈎竹》一軸，是明初人筆，乃予舊物之易出者，今標為管道昇。

所以張珩他在吳湖帆題籤後把圖與人交換了出手，在 1938 年展覽中重觀，交換者可能是蔣祖詒，因為裱邊有其 1944 年長題考訂作者實為元代張遜：

> 此幅湖帆題籤以為魏國夫人筆，向頗疑其不類，然非太瘦生（金浞）所能為也。頃見張溪雲畫竹長卷，筆意與此正同，乃幌（恍）然悟此亦溪雲之作。溪雲名遜，字仲敏，吳人，與李息齋同時作墨竹，自謂不及，即棄而為鈎勒竹，松石坡坨有北苑法。其畫傳世稀若星鳳，見於各家著錄者僅三四本耳。世間名跡不能悉睹，若未見溪雲長卷則此畫安能印證其為張氏筆耶，洵墨緣也。長卷載於《鐵網珊瑚》，題者甚眾，雲林、完庵二詩尤為可珍。甲申（1944）夏日祖詒記。

題中言及的張遜《雙鈎竹長卷》今存北京故宮，據鄭重《海上收藏世家》所載，當時原為北京衡亮生「雙梅溪館」所藏，「因怕落入日本人之手，經北京古玩商會商定，送至上海賣給了譚敬」，所以蔣氏方得以見，此前吳湖帆未見長卷，無從比對，只能從畫上永樂時人題詩推測畫家為元明間人。張遜獨創以剛勁墨筆作雙鈎竹法，被譽為「鐵鎖鈎勒」，可說前無古人後無來者，比對下即知為其所作，蔣氏考證是合理的，無款無印也無礙，著名的文物鑒賞家何澄（1880－1946）在裱邊加題認同：「甲申初夏獲觀於密韻樓，非張溪雲不能有此筆也。」詩人收藏家凌宴池（夕薰樓）又旁題七絕一首：

六百年前稀有筆，鐙（燈）前細讀意何長。頓教五月生寒意，疑有蕭蕭葉響廊。

1944 年夏父親還剛大學畢業，與蔣氏還未相識，其後蔣氏攜藏品赴台北，珍惜此軸逾廿載，至 1970 年春節前重逢父親，悉其酷愛墨竹，才將之與柯九思墨竹巨幅一同相授，三年後蔣氏作古，十二年後父親亦辭世，在近八十年間一軸由上海到台北地區、香港地區、美國，記錄了不少前人收藏事跡，當年目睹入門，印象深刻，近年有暇研習父藏書畫，才略有所知。由於對張柯二軸特感好奇，就蒐集了一些資料，略記於下。

張遜《鈎勒風竹圖軸》雖無款印，上方題詩四人徐旭（字孟昭，1355－1406）、鄒緝（字仲熙）、蘇伯厚（名坤）、王景（字景彰）皆任永樂大典編修，徐氏卒於永樂四年（1406），由印文「番陽徐孟昭氏圖書印」可估計是物主，從題詩首句「阿

誰鈎勒作琅玕」知款印當時已佚，畫身狹長甚於正常條幅，推測紙右原有名家墨跡，在徐旭題前已被割去。元代文人盛行作墨竹畫，全宗北宋文同沒骨法，雙鈎花鳥是畫院傳統，着重設色工細。張遜以墨筆書法鈎勒寫竹獨步天下，以吳湖帆見識之廣，未見過原作亦無從猜測畫家何人。《元詩選》云張遜「其先南陽人，寓居吳，博學，善屬文，精書畫，初從黃冠，與息齋李衎（1245－1320）同畫墨竹，一旦自以為不及，即棄墨竹而用鈎勒法」，蔣穀蓀因見譚敬所獲竹石長卷始悟為同一人。

　　長卷後有永樂六年六月廿八日梁用行題記「是日同觀者侍講鄒仲熙，右贊善王汝玉，檢討蘇伯厚」，鄒、蘇二人在軸上亦為徐旭題詩，所以見長卷於後，可惜當時徐氏已逝，要待五百多年後蔣氏復見一卷一軸，才解開了作者之謎。

　　顧瑛《草堂雅集》錄張雨題《張溪雲畫鈎勒竹》詩有句云「為愛風篁手自摹」，《御定歷代題畫詩類》卷八十錄另一首，詩題為《張仲敏鈎勒風竹》，均符合畫意，或即此圖原題。張雨在元末明初名望甚高，倪瓚（1301－1374）《題張貞居書卷》稱「貞居真人，詩、文、字、畫皆為本朝道品第一」，姚綬《句曲外史小傳》尤許其書「飲酣伸紙作大草尤妙；小楷變率更（歐陽詢）家數，世稱二絕」，所以求其墨跡者眾，軸上若有張雨題詩或其他元人墨跡，在元明間被裂紙與竹圖分家是大有可能的。

　　張遜竹法在元代極為文人推崇，張雨（1283－1350）詩云「羞殺江南沒骨圖」，郭翼（1305－1364）有句「好竹每懷張仲敏」，夏文彥《圖繪寶鑒》（1365）許其「鈎勒法妙絕當世」，但張遜為人不奉權貴，落拓江湖，顧瑛稱其「書畫俱絕，戶外

之屨如積，累期過（玉山）草堂，弗果」，所以遺作罕得一見，明清著錄唯得一卷，日久畫法也就失傳。這殘軸雖然無款，仍為人珍惜，不但流傳六百多年，在明清間亦出現摹本，右側補上空紙，添金湜（1441年舉人）款印，署款「太瘦生」。清初為高士奇收藏，吳湖帆嘗見，《梅景書局屋書畫記》卷三錄所藏金本清《雙鈎竹石軸》，註云「其畫頗鮮見，唯《江村消夏錄》著錄二幅，一真一偽，其署款太瘦生者書畫拙劣，贋本也」。蔣穀蓀題張軸裱邊亦云「非太瘦生所能為也」，二人當曾見摹本，與無款的原作比較，筆法水平有相當距離，金湜更不可能在徐旭去世前繪圖。這金湜款的偽本近年也發現有雙胞，一見《南畫大成》（1935），相信現存大阪博物館，鈴木敬《中國繪畫綜合圖目》有錄，另一本在 2002 年曾現身北京拍賣會，尺幅相同，圖像雖難細辨，但取左上角印章作位置參考，可察覺二圖中樹梢與上方紙緣空間距離有別。

張遜《鈎勒風竹圖軸》

柯九思（1290－1349）出身官宦世家，父柯謙曾為李衎《竹譜》書序，家富收藏，生平經歷與張遜有天淵之別，曾侍元文宗（1328－1332）於奎章閣，任鑒書博士，其墨竹畫在當代已傲視同儕，備受推崇，常與文同並提，虞集題畫詩云「玄元動蒼石，令我憶湖州」，張雨稱其「冷淡故能追石室，蕭疏應不減東坡」，明清人寫竹不論似與不似皆常自識「仿柯丹丘」。《倒垂竹枝》是文同名作，明萬曆年間仍存世，張丑《清河書畫舫·卷七下》有錄：

> 又見洋州絹本倒垂竹巨幅，按欵（款）作於熙寧二年（1069，己酉），本身上有子山（康里巎）伯幾（鮮于樞）等三詩，神采煥發，足稱神品。

今台北故宮博物院藏一件《倒垂竹枝圖軸》，相傳為文同所作，畫身並無款題，上方詩塘有永樂時人王直、陳循二題，不見張丑著錄，廣州美術館亦有大致相同的「雙胞」作品，皆無從確定是否張丑所見。在故宮所藏吳鎮《墨竹譜》冊中有〈玄妙觀竹〉一頁，背臨李衎寫生，題云「昔遊錢塘吳山之陽，玄妙觀方丈後池上絕壁，有竹一枝，俯而仰，因息齋道人寫其真於屏上，至今遺墨在焉」，竿身由左上角斜向右下，再反曲向右上方，所以最少李衎亦曾寫巨幅墨竹有相同形態。柯九思與康里巎共事奎章閣，可信曾見其所題文同巨幅，此《臨石室先生戲墨圖》亦絹本巨幅，濶達一米，竹枝倒垂方向相反，由右上角斜向左下方，竿身微曲，僅末梢叢葉向上散開，既自識為「臨」，與文同原作應相當接近，柯氏存世墨竹真跡屈指可數，

以此圖尺幅最大，王冕稱柯竹有「長縑大楮縱揮掃」作風，由此圖可見的確名不虛傳，且自稱為「戲墨」，充分表現出「胸有成竹」的輕鬆自信。元代印章暗淡，已目不能辨，但圖像經電腦處理後可見柯氏自鈐一行五印，風格與台北故宮所藏《晚香高節圖軸》一致，且其中四印相同，末印卅二字，「縕真之齋，圖書之府，吾存其中，遊戲今古，松窗棐几，萬鍾為輕，聊寓意於物，適有涯之生」，今惟此二圖所僅見。另圖左下角有一元末錢塘隱士「張子英藏」印，亦須經電腦作圖像處理後才可見，清初梁清標印則仍可辨，蔣穀蓀印最清晰，這些印色變化是極為難得的時代佐證。

按宋禧《庸庵集》卷五，柯九思遺像舊物為「山陰（紹興）唐君彥常」所得，後還贈柯子叔靜，山陰（紹興）與錢塘（杭州）相鄰，王冕（1287－1359）有詩〈寄東鄰唐彥常〉，王冕是諸暨人，諸暨北鄰杭州，東接紹興，此巨幅不書上款，或為自存之作，卒後遺物散落杭州一帶，為當地人張子英所得。張氏生平史料不多，但袁華有《過張子英開止齋閱法書名畫》一詩，王獻之《保母帖》後至正九年（1349）俞和記「閱寶刻於張氏開止齋，同觀者蜀楊炳，同郡李嗣傷」。貢師泰至正庚寅（1350）又跋「今錢唐張君子英以簪纓之華裔，好古博雅，一旦得之，藏諸篋笥……張氏子子孫孫其永寶焉」。可見其為元明間人而富收藏，劉基（伯溫，1311－1375）在當朱元璋謀臣（1360年）前曾居錢塘，《誠意伯文集》卷三載《張子英開止齋》詩三首，卷五載《題柯敬仲墨竹》詩，首句「蒼龍倒掛不入地」，正符合倒垂竹枝圖意，或為題此圖而作。

柯軸題籤者高星紫為武進人，嘉慶十八年（1813）舉人，

工書善畫，刻《玉堂楷法帖》，1967 年香港王世傑等編《藝苑遺珍》，輯錄海外民間收藏重要作品，稱此圖其「氣勢磅礴」，甚為恰當。1976 年余毅編《元柯九思墨竹畫冊及竹譜》，亦選為代表作之一。

傳文同《倒垂竹枝圖軸》（上）
吳鎮《墨竹譜冊》之〈玄妙觀竹〉（下）

柯九思《倒垂竹枝圖軸》

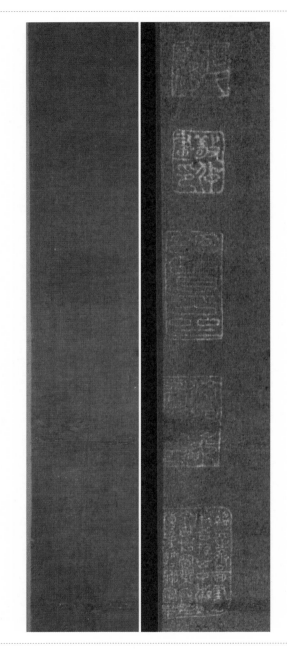

左柯九思印幾不可辨，經電腦處理後，五印可辨

柯九思的卅二字印

父言台北所購十多件作品中以《國香春霽圖》斥資最昂，我當時也是首聞惲南田之名，日後始知是三百年前同鄉大畫家，父藏清代各大家作品，論質與量，南田可以稱冠。此圖不但為真精新之作，還有王石谷題，歷為名家收藏著錄。

牡丹別名富貴花，入門時恰逢春節時令，懸廳中一室生暉，可謂雅俗共賞，我這外行的中學生也能察覺是非凡之品。父親昔藏一本乾隆御題惲冊，此時已歸故宮逾十載，在經歷八年困境後得獲此軸，實為平生快事。在五年後出版的《明清書畫選集》中有此語：

> 石谷題云「近世無與敵者」，實則縱觀元、明、清三代，又有何人可以方駕。花卉只宜小幅，大幀便難佈局，故所見南田花卉數十件，掛幅亦多繪折枝，如此鉅（巨）製，當為碩果。

此軸得於吳普心，其前為故友張蒽玉所藏，得於寶迂閣陳夔麟（1855－1928），《木雁筆記·畫三》記錄甚詳：

> 設色畫牡丹二本，共花五朵，濃艷輕清，南田晚年至精之作也，款行書五行在右上角，石谷題即書於款後，戊辰為康熙二十七年（1688），南田五十六歲。此圖用沒骨寫生，真得浥露凝香之態，且絹色鵝黃，色彩如新，尤為難得，余得諸寶迂閣陳氏。虛齋嘗言所藏荷花為惲畫中花卉第一，為盛宣懷（1844－1916）借去不還，數十年來言輒咨嗟不已，惜未能一見，不知能勝此否。

言下之意，其平生所見惲南田花卉以此為冠。所以鄭振鐸在 1952 年輯《偉大的藝術傳統圖錄》，亦選此圖為南田代表作，在書中與吳歷《墨井草堂圖》為前後兩頁，亦不可謂不巧，父親在困境中失去後頁的吳卷而後得回前頁的惲軸，多年來首次一口氣購入一批新藏，心理上猶如洗脫了厄運陰影，在新春氣象中見此圖，對前景充滿了樂觀。

此圖上南田自書詩及石谷題在《甌香館集》卷十有錄，乾隆年間畫為陸時化（1714—1779）所藏，見載於乾隆丙申年（1776）《吳越所見書畫錄》卷六，謂為「宮詹幼芬王公物，後歸芥庵伯父」，再傳子陸愚卿，晚清歸陳夔麟，其《寶迂閣書畫錄》卷二云：

> ……敷華極國色酣酒天香染衣之態，寫葉亦分向背，深淺合法，無一浪使筆鋒，雲溪外史寫生聖手，而其吮毫賦色細意斟酌如此，彼邯鄲學步東施效顰，實自益其媸耳。耕煙散人謂其「擬議神明」，推為近世無敵，陸潤之父子著錄《吳越書畫》，蓋有祕篋圖章，豈有虛譽哉！至於收藏得所，絹素如新，此幀尤獨有天幸。

絹本畫保存較難，但此圖一直為名家珍藏，所以「絹素如新」，極為難得。

父親舊藏的南田《御題山水花鳥冊》作於乙卯年（1675）四十三歲，每頁有乾隆御題，《石渠寶笈續編·淳化軒》有錄，晚清經端方手由內府流出，後為龐元濟、譚敬遞藏，入父手後回歸北京，1959 年入藏故宮。狄平子（1873—1941）在清末民

初創辦上海有正書局，以刊印珂羅版畫冊著名，始時出版《中國名畫》四十集，此惲冊十頁分刊於第一至八集，許為「至寶」，自後常被人稱為「天下第一」惲冊。但張珩並不以為然，在《木雁筆記·畫一》中詳有評述：

> 此冊紙色瑩潔，切色嬌豔，清末為端方所得，一時詡為惲冊第一，後歸龐氏，虛齋名畫續錄亦稱此冊係盛年傑構，與尋常寫意不同，實為稀有之品。然此冊雖與平時有所不同，設色亦殊奇？豔有異者，蓋由紙質光潔故耳。其中確有極佳者，花卉尤勝於山水，稱為惲冊中精品則可，天下第一惲冊命之，則未敢許也。

十開冊中四開是花卉，其一為紅白牡丹二朵，張公謂：「此幅與《國香春霽》及《荷花》一幅為此冊中傑作，生平所見南田花卉如此者，蓋未得一二能也。」此外，畫《鵝群》一幅則云：「南田罕見畫翎毛，固足為收藏家生色也。」

據鄭重記述，譚敬藏品在 1947－1948 年間有不少複製了偽本，由湯安（臨澤，1887－1967）、許昭（徵白）、鄭竹友、胡經、王超群等人分工合作。湯安曾在狄平子有正書局任職，負責珂羅版製作，精通攝影印刷製版技術，所以印章可以分毫不差，書畫可先攝製原寸印本，再以舊紙影摹，筆筆到位，既有原本對照，敷色也可調準，若不與原作並列是極難分辨的。冊頁小幅尺寸與印刷品相近，尤其可做得精準，譚敬在解放前赴香港，把許多複製品售予外國人，我曾經偶見一南田《御題山水花冊》偽本，用手提照相機拍了些照片，光線與角度雖不

理想，仍足見這偽本程度之高，與故宮本影像比較，主要分別偽本無「玉齋」和「南屏珍藏」印，因為父藏本乃譚敬攜往香港後再散出者，拍賣本則經紐約古董商戴福保（1911—1992）攜往海外，若不悉流傳歷史，是的確可以亂真的。

惲南田《國香春霽圖軸》

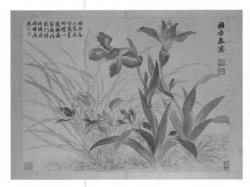
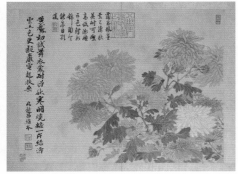

惲南田《御題山水花鳥冊》

126

譚敬複製本中的一幅牡丹，書畫、印章、紙張、裱褙皆可亂真

父親對書畫得失非常相信機緣，深明機緣往往一瞬即逝，1970 年春節前先失趙卷而後又未能購入《元明古德冊》，即想到方聞必會繼續到台北大事收購，自己財力不能與方氏背後的美國富豪相比，採取迅速行動而得獲不少佳作。但春節過後父親再赴台，發覺蒐購已不易，云觀畫時往往一詢價掮客即託詞不應，輾轉調查才悉自己在台北收購的消息傳到香港，即有掮客為方氏搭線往台北蒐購，並吩咐行家凡有父看中者他必出更高價，等如利用他代為掌眼。明白情況後父也就學乖，故意顛倒黑白，不佳者言佳，細看詢價，讓掮客拿去向方氏推銷，自己有意購入者則不動聲色，事後另託朋友代購。

近年在美國偶見一些經方氏轉手的作品，也的確可謂良莠不齊，水平高低差異極大。年前訪某博物館見到一些七十年代購入作品，文檔中來源物主不詳，惟得方氏推薦而經書畫商銷售，入藏後館方始想到再徵求其他名校教授意見，回函一致言偽，四十年後在任主管不諳中國書畫，見知名學者意見對立，邀我一看如何，把檔案記錄相示，我笑說有對立意見正是大學裏師生研究和學習的好材料，七十年代書畫價位我大略知道，以他們當年所付，物主必甚欣喜，今日亦未必能得。父親也有若干舊藏在美國數家大小博物館，過半為家人捐贈，作教學研究用途，比對真偽優劣，分辨偽作高低，受贈者不用成本，但他正式價讓的作品是沒有爭議的。據方氏自言，當年為愛利得蒐購藏品二百件之多，其中自必也有佳作，例如在遺贈普大的法書中有米芾《歲豐、逃暑、留簡行書三札卷》，乃吳普心舊藏真跡佳作，當時父因已有米芾《酬和魏泰詩卷》而不取，所以方氏隨後就購入了。趙孟頫及王守仁二卷得於父，《元明

古德冊》經父鑒定，都是愛氏藏品展覽中出色的作品，柯九思《上京宮詞卷》為父所不取，藏印題跋累累，信其為真者不少，按附錄一文分析可知為臨仿之作，毛病甚多。

父親因深信收藏緣分，對書畫得失就能夠處之泰然，不爭強好勝，只保持自己做人宗旨，深明收藏非一日之功，在方氏回美後，繼續留心機會，量力而為，以後數年，屢訪台北，再購入不了少佳作，尤其以龍舒本《王文公全集》為最，紙背有數百頁宋人書跡，所以機緣固不可缺，知識也同樣重要，有識者能見人所不見，機會自然也多。在遺稿中記 1970 年在港澳二事：

> 1969 年，朱省齋告曰昨偕龐耐赴吳明醫生處有夏仲昭墨竹一軸，畫既平常，且又殘破，彼竟出價美金千元購入，而今吳氏非二千不讓，殊屬怪事，予韙其言，亦未深究。至 1970 年夏，予赴澳門葉醫生家購畫，忽見其書桌上有墨竹照片甚佳，乃夏仲昭《清風高節軸》也，丞詢其此畫安在，葉云早已售與吳明醫生矣，予返港即挽人往詢吳醫生，覆云此畫仍在，價實二千，須另加佣，予急偕往觀，並即購之，此因誤會而幾失之一例也。
>
> 1970 年夏過潢肆，見作檯上覆一畫頗佳，請反其正面視之，乃沈石田《蒼松奇石軸》，詢之知為大千先生付裱者，次日即赴台北，遂訪而求之，得蒙賜讓，此偶遇之一例也。

近年對夏沈二軸也增加了一些認識。夏昶（1388－1470）

《清風高節圖》除父藏絹本外有相同畫題的紙本二軸，一在台北故宮，為《石渠寶笈》著錄的上等清宮藏品，紀年「景泰改元」（1450），有成化壬辰（1472）「疑舫老人」題詩，另一在大都會博物館，有劉珏（1410—1472）成化庚寅（1470）、錢博（1411—？）天順四年（1460）二題。這三軸間關係不易確定，以其名氣之盛，求畫者眾，當時已有「夏卿一個竹，西涼十錠金」之說，所以生前已為能手偽仿，夏㫤為崑山人，吳寬《家藏集》云：「崑山之人師之者更數輩，獨屈約處誠頗類之，而今人家所得往往出其手也。」姜紹書《無聲史詩》謂同時人海虞張緒（字廷瑞）「亞於仲昭而雁行屈處誠」，後來仿者當更多，所以在明代已不易定真偽，今日屈、張之名不見而夏竹頗不少，其中自必真偽混雜。葉恭綽題自藏《淇水清風卷》云「仲昭畫竹名重當時，然傳世之作似多僅達能品」，正是此理。《清風高節圖》絹本軸中竹葉姿態表達清風由左向右吹，紙本二軸則風勢頗弱，構圖也非常接近，還有另一本出現於拍賣場，竹葉下垂，全不見風，這些作品只能主觀判斷竹法高下。此外，夏㫤楷書極精，所以款字優劣也是有力的參考標準。

沈周（1427—1509）《蒼松奇石圖軸》紀年弘治癸亥（1503）十月，為七十七歲所繪，台北故宮有《參天特秀圖軸》為五十三歲時畫松，北京故宮則有五十四歲《松石圖軸》，三圖俱大幅，縱約一米半，比對可見二十多年間畫藝之精進，晚年畫松石對峙，姿態雄奇而雅緻，疏密濃淡佈置富有立體感，是早年畫不能及的。上款「膚庵先生」為長州多年老友施煥伯（1434—1508），生平事跡詳見邵寶（1460—1527）所撰〈明故信陽州知州進階奉政大夫施君墓表〉，《容春堂後集》卷七有

載，記其人出仕十年，官至五品：

> ……君諱文顯，字煥伯，別號膚庵，其先亳州人，
> 南宋時始居蘇之長洲縣，國初有教授某者三傳至君，父
> 忠娶夏氏，生君，三歲而夏沒，君鞠於祖母潘氏，年若
> 干以府學生舉成化乙酉（1465）鄉試，自丙戌至甲辰
> （1466-1484）會試連不利，以經學授徒凡若干年，年
> 五十二（1485）始官許州，八年之信陽，又二年乃老，
> 年六十二，又十幾年，年七十四以疾卒……原其葬為正
> 德戊辰（1508）九月二十五日。

在施氏五十二歲出仕時，朱存理（1444-1513）有〈奉賀
膚庵先生致仕詩〉，首二句云「膚翁家近匏翁家，二老風流世
並誇」，匏翁即吳寬（1435-1504），別號匏庵。《石田詩選》
卷七又有〈送王抑夫作縣陳留並柬許倅施煥伯〉一首，句云：

> ……我之老母姊君母，少日拜姨今未忘……我慚白
> 髮血氣衰，君喜青雲年力壯……亦聞陳許間未遠，甫有
> 膚庵可疇倡，故人所在即故鄉，天涯詩酒生佳況……

可知膚庵官許州期間，沈周年輕表弟王抑夫赴陳留縣職，
陳留屬河南開封，許州即河南許昌，二地相鄰，所以沈周送行
贈詩書柬，為二人作介引見，以為照應。癸亥年十月沈周繪
《蒼松奇石圖軸》乃賀膚庵七十大壽之作，同年也曾為繪《柳
陰睡燕圖》，並賦一詩於上，《珊瑚網》《佩文齋書畫譜》《式

古堂書畫彙考》均有錄，題詩後款識云：「癸亥春日見柳陰睡燕，賦此繫圖，寄奉膚庵先生一笑。沈周。」此圖今或已佚，但由此種種，可見二人交情甚篤，作畫賀壽自也特別着意，圖中奇石相信是石田自己化身，蒼松代表膚庵，寓意二老友長伴左右。又施氏卒於戊辰九月，在十月生辰之前，所以墓表稱其「年七十四以疾卒」，這各種時、地、人背景資料完全吻合，實為沈周暮年書畫的重要參考標準。此圖在 1993 年為家人在紐約拍賣出手，所以《玉齋圖目》未有刊錄，圖為當地華裔收藏家所獲，十餘年後偶訪，不期重見舊物。自 1970 年目睹入門，經四十年間幾度散聚，始如初相識，亦屬機緣。

記憶中最有趣的收藏巧事發生在我大學期間。某日父親攜一行草書扇頁歸示，言在集古齋店中見到，店東謂作者「黃山中」，不知何許人，所以書法雖佳而索價相宜。父看了應為是法若真晚年送兒子出門考試之作，雖無名款印章也馬上買了。這時家中已有法若真山水圖軸，名頭我不陌生，但行草書不大會看，覺得題字依稀相似，但扇頁較粗豪，末三字「黃山中」還能辨，詢父怎知為同一人，父謂若真晚居黃山，題識三行實為「大雨賞荷之作，權兒省試，老父黃山中」，山水圖為六十一歲作，尚未歸隱，扇頁為歸隱後晚年書，筆法趨向豪放老辣，末鈐白文小方印，略為模糊，不似姓名印，末字似「間」，父取王季遷所編印譜一查，果然若真有一閒章「在山水間」，即扇頁上者，引首另一篆文印為書中所無，亦無妨，覺得已足夠證據，自信沒失眼，我是讀科學的，仍半信半疑。約二十年後在展覽中見法若真六十九歲《天台山圖》長卷，訝察卷首有同一篆文印，查展覽圖目不見有釋印文，即編者亦不知

為其印，再十年後購獲上博出版的印譜，始悉篆文二字為「遜齋」，取錄自八十二歲畫軸，故為晚年用印，至此無疑。

近年又查考法若真《黃山詩留》，知其共生九子，取名皆單字從木字旁，另又有姪名權、檀，卷八庚申年（1680）六十八歲正月生日有詩題〈即日同楊仲玉諸昆弟及檁、樟、檀、枚、權姪諸子坐飲〉，同年又有〈得權姪藥酒即問兩孫州試〉，卷九壬戌年（1682）七十歲則有〈樟兒生日權檀兩姪偕檁兒來山醉賦志喜〉，所以若真遷居黃山後與姪權往來親切，書詩扇相贈亦以父兒相稱，不稱伯姪，更無須署名。又六十六歲居黃山後，集中賞蓮詠荷之作甚夥，如六十八歲〈觀荷花〉，七十歲〈小池蓮開喜賦六首〉〈雨中觀荷示兩兒樟枚〉，乙亥年（1695）八十三歲也有〈早雨看白蓮二首〉，可知家居必有荷塘，雨中仍能觀賞。若真弟若貞為同榜進士，姪權或為其子，不居黃山，扇頁可能為寄贈，詩未錄集中，因詩集為檁、樟、枚三子所輯，寄贈其他子姪之作遺漏不足怪，偽作就不會隱蔽作者姓名了。可見即使一件扇頁小品的得獲，也同時有機緣與知識因素在內，收藏樂趣也正在此。

夏昶《清風高節圖》　　　　　沈石田《蒼松奇石軸》

法若真草書扇頁

　　父親開始收藏在四十年代。當時市面上有大量珂羅版畫冊，因為玻璃版攝影印刷技術在晚清流入中國，迅即被採用印製畫冊，民國初期已甚普及。狄平子創辦上海有正書局為業中翹楚，今存美國各家圖書館者見有早至 1906 年，其《中國名畫》四十集曾多次複印重刊，每集均有一二頁彩圖，嘗借得一集內夾 1919 年美國哥倫比亞大學著名學者杜威（John Dewey，1859－1952）在南京致函讚歎印刷精美，謂為當時西方所不及。1936 年日本興文社輯《支那南畫大成》畫冊，亦由中國蒐集大量現成圖像重印。在國共政權交替後這類型畫冊在國內已絕跡，在港台亦甚少大型畫冊刊行，張大千的《大風堂名跡》也是由日本便利堂在 1955 年出版，1967 年香港王世傑等輯《藝苑遺珍》書畫，共八大冊，但訂價非一般人能購買，流傳量甚少，今在美國各大學圖書館亦不易得見。

　　在《國香春霽圖》入門後，有經營保險公司的朋友向父親借用印製年曆以贈客戶，承印商為南華印刷公司，事成後東主進而想到出版古代書畫圖冊，邀請父親籌劃選材編輯。南華公司當時可能有意發展市場，投資印製一冊作為樣本，用以招徠其他畫冊生意，父親也有意把當時手上藏品留一記錄，又可供人參考，就樂意答允了。畫冊形式一如傳統書冊，但採用西方材料和印刷技術，每頁一圖，對頁僅記作者、畫題、年份、尺寸，自書前序，〈編後記〉對部分作者或作品有簡略評介。還記得在大學期間曾與父同訪南華公司，並為代筆與高居翰教授通信，情商得其以英文翻譯自序，以廣流傳。在 1975 年出版時我已離港，是年秋父親初次到芝加哥探望，攜贈一本，方始首見。內容共法書十五件，全屬自藏，畫作四十九件七八成也

是家中曾見，其餘部分為舊藏而存有圖片可用者，也有其他藏家提供者，冊中不註來源。

由集中所選作品可以了解父親的收藏興趣重心在文人山水、花鳥畫和書法，工筆畫僅仇英、袁江二幅，人物畫僅吳偉、羅聘，其餘四十五件繪畫中接近書法的松、竹、梅、蘭佔其十，在他 1982 年的演講中提到收藏入門之道有此二項：

> 一、要多注意收書法，字是文化的根源，書法是中國特有的藝術，書法的趣味與音樂舞蹈一樣，初學似乎平淡，愈學愈能令人心醉，每一轉折每一頓挫都有無窮變化，真是易學而難精。在毛筆字不再普遍應用的今日，這種藝術已不為人注重，恐怕就要失傳，而前人遺留在世的墨跡，就我經驗所知，實遠比繪畫為少，如不妥加收集保存，非特愧對古人，亦難向後來交代。

> 二、要多收與書法有關係的繪畫，如畫蘭、竹、松、梅，都是將書法的精華融解到繪畫中去的，在書法式微的今日，與此有關的畫也日漸少人理解，遑論擅長的專家了。古人以寫字養氣，以繪畫怡情，所以書畫家大都多壽，藏家能略此妙，就得到攝生之道，故特為提出。

所以集中法書作品加上蘭、竹、松、梅共廿五件，約佔總數四成之多。

集中六十四件作品包括了書畫家六十一人，由地理分佈可知父親興趣以家鄉常州至上海間一帶為中心，包括無錫、蘇

州、崑山等地，也北至揚州，但南京、杭州及其他皖浙書畫家不多，所以若論作家，當以吳門四家、畫中九友、四王吳惲、揚州八怪等為主，旁及其他，六十一人中唯同鄉惲南田選花卉、山水二畫，另王時敏、鄭板橋則書畫各一，其餘五十八人都只一件作品，金陵八家僅得龔賢，黃山畫家僅得法若真，清宮院畫全無。

〈編後記〉中賞鑒評語雖簡，也蘊含了一些有意義的訊息，我尤其注意到有關袁江《漢宮秋月圖軸》的幾句話：

> 袁江以臨摹宋元山水界畫負盛名，雍正時曾徵入畫院，惜僅屬畫師，不通文墨，遂不為後世重，生卒年亦不詳。清末賈人常割去其款識以充宋畫出售，致傳世遂稀。《漢宮秋月》一軸，可稱佳作，然題為摹子昭筆意，則蛇足矣。

此圖入門在我中學期間，因絹有些破損，墨線頗有殘斷，我就讀中文中學，國文作業都要寫毛筆字，父親借了我的筆墨把斷線一一補上，完成後如天衣無縫，家人在旁觀看都為之驚訝不已。閱〈編後記〉始悉父疑款為後人偽補。近年方悉子昭即元代盛懋，風格與袁江全無關係，又以電腦程序析像辨印，可見陰文「袁江之印」、陽文「文濤」二方印，皆為印譜所無，篆刻技巧也不甚理想，更信父言不虛。袁江、袁耀父子界畫風格獨步一方，技巧之高不易摹仿，尤其難是富有立體感，看此圖技巧水平已足信為真跡，無款印亦不妨。

另一段令我特別注意簡介關於當時家中一楊文聰掛軸，父

親頗有貶意：

> 畫中九友畫，以楊龍友（文聰）與張爾唯（學曾）
> 最為難得，龍友以吳梅邨（偉業）一歌而傳，實則畫極平
> 常，爾唯則出色當行，此乃其代表作也。

當時吳梅邨與畫中九友何人也不識，但感他品評坦率異
常，袁江畫不諱言款印為偽，楊畫也不諱言其畫藝平平，不因
個人利益而指鹿為馬，在賞鑒家中這作風是罕見的。張學曾之
名我前所未聞，詢之始知圖冊中《仿北苑山水圖軸》原存上
海，在 1967 年「文革」抄家後入上博，當時以為已不可復見，
也不影響他的褒貶。

圖冊中又有王鑒、龔賢二山水軸、仇英《玉洞仙源圖》及
吳歷《鳳阿山房圖軸》，皆與張軸為當時首見，這五軸此前未
聞為父親藏品，奇怪照片何來。多年後始悉仇英軸早在 1957
年為文物局收購，1959 年入藏故宮，吳軸則得於何冠五，不悉
何年帶回上海給祖父，可能替易了《墨井草堂圖》，張、王、
龔三圖或亦得於香港，所以拍了精細照片，其後帶回上海，可
能補贖一些攜去香港的作品，也或方便提供國家收購。父親去
世後三軸又由上海重回香港，數年後才在美國見到原作，認得
是畫冊中所見，至 1995 年父親十周年忌辰時，三圖隨《玉齋
展覽》巡展再度重回到香港，在中文大學文物館展出，在《玉
齋圖目》中重刊。王、龔二軸父親在〈編後記〉中並無介紹，
但他對張軸的評語卻一直令我好奇，近年考查了一下，下文
再詳。

《玉齋圖目》出版在《明清書畫選集》後十九年，昔日集中十五件法書作品僅三件後來有展出，四十九件畫作則有十件展出，這十三件展品今仍有九件存家人手上，又存有集中一書三畫未曾展出，即共餘十三件，所以集中父藏書畫在四十年間散去了大半，近年重閱畫冊，其中一些作品特別引起我興趣，在以下將作獨立討論。

經處理後的「袁江之印」及「文濤」

袁江《漢宮秋月圖軸》

惲南田的山水畫

見到畫冊時首先注意到是畫家每人只選錄一圖，惟惲南田除父親自藏《國香春霽圖》外有十二開《仿古山水冊》，佔篇幅不少，此前也不知南田有作山水，直覺相當特出，詢之父云乃友人藏品，多年後始知為至樂樓何耀光物，乃早年作品，所以書法頗異，由此明白父親對同鄉大家的畫特別鍾愛，南田花卉山水詩書全材，遙接文徵明，而且其人有氣節，不求功名，甘心居貧奉養老父，淡薄名利，為家人生活而勞碌奔走鬻畫，屈屈而終，五十八歲就去世。父親在〈編後記〉中對作者及作品介紹大多為一言片語，甚至不置一詞，惟南田評語最詳，花卉之外亦論其山水，與吳歷並提：

> 吳漁山與惲南田山水，一以厚重，一以輕靈，厚重而能不滯，輕靈而能不弱，故二人俱成大家。歷觀漁山各畫，無一筆不凝重，然不覺其繁，南田則純出天趣，然由此可悟，漁山壽登耄耋，南田不及花甲，非無由也。

日後每見南田佳作就令我懷念父親，想到他的早逝，個性好友和運程崎嶇，都與南田相仿，因而也儘量保留了他收藏的惲畫。

南田山水學自伯父惲本初（1586－1655），四十以後始工花卉，畫史頗多傳說南田因山水不及王石谷而棄作花鳥，例如張庚《國朝畫徵錄》云：「及見虞山王石谷，自以材質不能出其右，則謂石谷曰：『是道讓兄獨步矣，格妄，恥為天下第二手。』於是捨山水而學花卉。」事實上他並未放棄山水，由存世作品可見四十以後山水掛幅漸稀，《甌香館集》卷十一、

十二〈畫跋〉有言：

> 寫生家日研弄脂粉，搴花探蕊，致有綺靡習氣，豈若董巨長皴大點，墨雨淋漓，吞吐造物之為快乎？劍門樵客以此傲南田，宜也。

> 石谷不喜予寫生，嘗對孫承公云：「正叔研精卉草，日求其趣，其於煙雲山水之機疏矣。」予初不以為然。已而思寫生與畫山水用筆則一，蹊徑不同，久於花葉，手腕必弱，一花一葉，豈能通千巖萬壑之趣乎？

所以這是關乎藝術思維靈感不同，用筆手腕剛柔也有別，捨棄了長皴大點的大幅山水，冊頁和扇頁小幅則並未終止，但山水畫風由蕭疏的遺民格調轉趨向溫潤柔和，書法也隨而一變。

父卒後出境舊藏中有《撫米敷文（友仁）作霖圖軸》（簡稱《作霖軸》）及六開《山水扇冊》，軸為龐虛齋舊藏，《虛齋名畫錄》卷九有錄，其前經羅天池、潘延齡遞藏，1937年教育部第二次全國美術展覽會展出，輯入《晉唐五代宋元明清名家書畫集》（展品309號）。父親因獲米卷而得窺書畫收藏之堂奧，南田仿米當然特別珍重。此圖南田自識「為元介老姪賀」，並為父惲日初（1601－1678，出家法名明曇）代筆題詩，識「元介姪孫成進士，口占志喜。曲阿老人曇」，元介即族姪惲啟巽（1629－1686），年長南田四歲，康熙十二年（1673）二甲進士，由此知南田繪圖時四十一歲，正是書法畫風開始轉變時，也是作大幅山水的尾聲，所以是重要的參考作品。南田兄長在

抗清時戰死，近三十後族姪考取功名侍清，父子同賀，喻為天降甘霖，圖中景象是雨過天清，可見遺民心態已漸改變，在此時開始寫染色花卉可信並非巧合。南田以鬻畫為生，當須迎合市場需求，入康熙朝後民生向榮，落寞出世的遺民畫風漸為人棄，另闢途徑作花卉是相當合理的選擇，四十三歲《御題山水花卉冊》中有一開仿趙孟頫設色山水，顯然不如慣用的水墨，所以這也是他放棄了的方向，王石谷得以尊美。

父藏六開《山水扇冊》在乾嘉年間曾經海寧查瑩與錢塘屠倬（1781－1828）遞藏，查瑩為查昇（1650－1707）孫，乾隆三十一年（1766）進士，屠倬為嘉慶十三年（1808）進士。此冊未署年，但仿大痴一開自識「在白雲精舍畫」，南田在四十五歲遷居常州白雲溪南岸，當作於其後，《仿王蒙松壑吟泉圖》一頁書畫都接近上博藏五十三歲《仿王蒙松風澗泉圖卷》，全冊用色淡雅，筆墨氣韻超逸，遠在《御題山水花卉冊》上，實為晚年精純之作。

近年訪上博得見另兩件父親舊藏的南田早年山水佳構，皆刊載於上博承名世所輯《惲壽平書畫集》，其一為己酉（1669）年卅七歲為武進友人莊子純所作《秋樹高巖圖軸》，題謂子純「偶得衣白先生（鄒之麟）殘稿，為梁谿（無錫）愚谷子（鄒迪光，1550－1626）畫跋……屬余畫小景合為一幀」。鄒之麟也是武進遺民，鄒迪光為萬曆二年（1574）進士，在朱謀垔《畫史會要》有記其人：「字彥吉，號愚谷，梁谿人，官學憲，以詩文著名海內，有集數十卷，寫山水脫盡時格，一樹一石必求精妙，蓋力追宋元人之用心者。」南田畫中樹木蕭條，高巖孤立，也是常見的遺民畫意，與《作霖圖》是另一種景象。

上博藏十二開《仿古山水冊》是更難得的逸品，氣質與卅二歲《靈巖山圖卷》相類，1863 年吳雲跋云：「南田胸有卷軸，藝擅三絕，兼以秀骨天成，非食人間煙火者所能到。當時石谷雖與齊名，論者每謂惲本天工，王繇人力，仙凡之分，兩家亦正於此定□輕也……（此冊）心思古人，自運抒機，其用意之清□□遠，□筆之孤峭逸雋，真令人有不可思議之妙。」吳熙載又題云：「余生平所見南田山水，其真者必出石谷之上……此冊擬宋元來諸公，皆能撒手空行，絕無顧忌，筆如風雨，神采欲飛，斷非依傍描摹者所能彷彿。」由此冊可見南田作寫意小景極精，但與著色花卉同置一冊內則不協調，所以在《御題冊》中山水不如花卉，亦鮮見有其他合冊，南田山水花卉的確如出二手，父親在畫集中借刊一冊早年山水與此冊是相當接近的。

白雲冷冷風知自帝鄉
未識頃已萬里檀遊黃
金臺麗我嘯龍承搖曳
上銀浦俯厳朱肯藏青
寸天下兩
元介姪孫成迨士口呂志書
曲阿芫人臺

榾米敷文作霖圖為
元介若必眉
甌田惲壽平

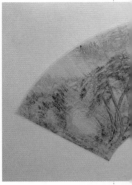

惲南田《撫米敷文作霖圖軸》

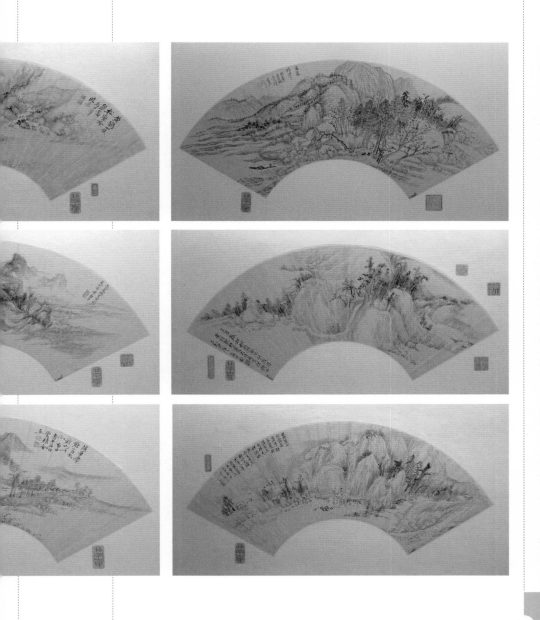

惲南田六開《山水扇冊》

惲南田《秋樹高巖圖軸》

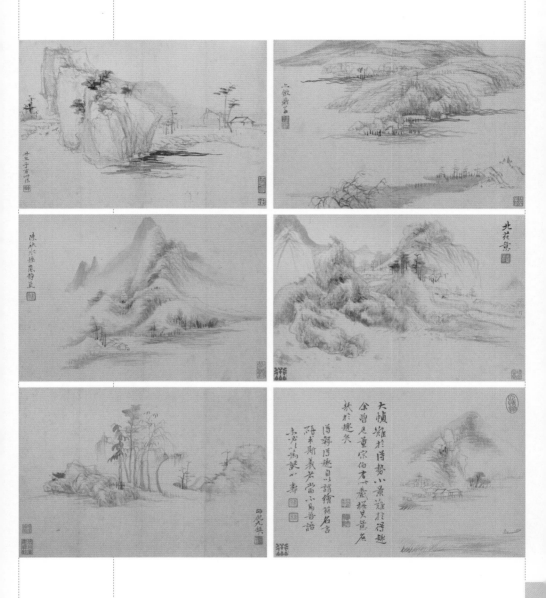

恽南田上博藏部分《仿古山水册》

父親在〈編後記〉中稱畫中九友以張學曾畫最難得，此圖又為其代表作，我對其人其畫全不認識，所以近年特別考查了一下有關資料，發現涉及他與「老二王」的一些交往和畫作。

張學曾生卒不詳，字爾唯，號約庵，浙江會稽人，崇禎六年（1633）副貢，順治年間曾任職戶部分司，十二年（1655）出任蘇州知府，孫承澤《庚子銷夏記》卷三記一事：

> 張爾唯，名學曾，善畫，家藏江貫道《長江圖》一卷，赴蘇州太守任，攜一樽並卷來山中相別，時太倉王元照，東粵陳路若俱在，開樽展卷，亟稱江卷之勝，余獨無言，徐出巨然卷共閱，覺江卷退舍，蓋《長江圖》雖貫道得意之作，然無渾然天成之致，故知巨然不易到也。

清初劉體仁（1624－？）《七頌堂識小錄》記此事在順治甲午年（1654），細節略異：

> 江貫道《長江萬里圖》，張爾唯學曾所藏。順治甲午赴蘇州太守任，孫（承澤）北海、龔孝升（鼎孳，1615－1673）、曹（溶）秋岳三先生偕王元照、王文孫於都門宴別，各出所藏名跡相較，諸公欲裂而分之，爾唯大有窘色，北海集古句戲之曰「剪取吳淞半江水，惱亂蘇州刺史腸」，一座絕倒。

張學曾《仿北苑軸》正是順治甲午年（1654）十月所作，是年王鑒遊京城，後與張學曾聯舟南下，在王鑒一些作品上也

有題記，如北京故宮所藏癸卯年（1663）《仿古山水十開冊》
後頁自識：「余甲午年浪遊長安，得縱觀收藏家法書名畫⋯⋯」
又晚年《仿惠崇花溪漁樂扇頁》長題：

> 甲午年余同張約庵使君聯舟南下，蓬窗相對，出惠
> 崇《花溪漁樂圖》見示，日夕展玩，不欲去手。今使君
> 墓木已拱，不知此畫流落何處，余猶倦息人間，追思往
> 昔，不禁人琴之感。偶仿其遺意，以誌不忘故舊耳。染
> 香庵遺老鑒。

王時敏居婁東（太倉），屬蘇州府，張學曾為新任太守而
與王鑒同行，自然一同過訪，得觀所藏，王時敏七世孫王寶仁
輯《奉常公年譜》，記翌年「乙未六十四歲⋯⋯張爾唯郡守學
曾過東園看芍藥」，顯然二人相當熟落。《仿北苑圖》題識云：
「甲午（1654）初冬，畫仿董北苑，奉呈劉老夫子搏笑。門人
張學曾。」圖左下角鈐朱文「遄齋」印，考明末清初兩朝大員
劉正宗（1594－1661）別號遄齋，撰《遄齋詩集》，在甲午年
時任吏部尚書，翌年卸任，所以張學曾出任蘇州太守為其所授
任，因而下款卑稱自己為「門人」。所仿董源山水與王時敏所
藏《小中現大》冊中董源一頁大同小異，可信張學曾在與王鑒
同訪王時敏時見過原作，甲午十月尚未正式上任，即悉意背臨
一圖寄奉劉正宗以謝，自謙為「搏笑」，不僅表示不能與原作
媲美，也顯示知道劉氏曾見過原圖或其他董源作品，否則無所
比較，也無從笑起，事實上若非自感滿意也不會寄奉前輩上級
謝恩了，劉氏收藏也就鈐了「遄齋」印。

張珩《木雁齋筆記‧畫四》有言「爾唯畫傳世極罕，平生所見不逾十幅」，《仿北苑山水圖軸》是一幅創作背景清楚的經心之作，確可稱為代表作。曾有不諳書畫的美國朋友翻閱《玉齋圖目》，特別欣賞此圖的大膽線條，構圖細節不全依原作，自由變化，與一般保守摹古作品有別。

王鑒也曾一再臨仿王時敏所藏原作，在上博所藏1662年《仿古山水冊十二開》及1670年《仿古山水十二屏》可見其二，但不知何故皆稱為「仿巨然」。啟功早在1962年〈董其昌書畫代筆人考〉一文中指出前冊有王鑒自識，謂《小中現大》冊乃王時敏請陳廉（字明卿）所摹。《奉常公年譜》丙子年（1636，王時敏四十五歲）對陳廉有此記：

> 有清客陳明卿者，名廉，係松江人，善畫，為人坦易恆良，與物無忤而賦性狷潔，淡於財利，與公交十六年如一日，凡事無鉅細，必盡心相為，不辭勞苦，不畏艱難，為士人中所難得，以是冬十二月病故於公寓館，公手寫哀詞哭之。

由此敍述，可知陳廉寄居王時敏家，為其處理雜務，所以能細心臨摹。李玉棻所輯《煙客題跋》中有兩則也言及陳廉為臨縮本冊，其一為1663年（癸戌，七十三歲）〈題陳明卿仿黃子久卷〉：

> 明卿為趙文度（趙左，1573－1644）高足弟子，初至婁時尚守其師法，既為余臨宋元諸明跡縮成小本，因

此大有悟入，畫格遂為一變，此卷仿大癡《富春山圖》，筆墨氣韻妙得子久神髓，允稱智過於師，但未知為何人所作，竟失題款……

另一則〈題陳明卿廉雪卷〉，與所見王維《江山雪霽圖》及《江干雪意長卷》比較：

雖蒼勁微遜古人而渲染佈置可與前二卷頡頏，不知何以當時竟失題款，明卿畫娟秀沖夷，固從胎骨中帶來，初以趙文度為宗，既從余家縱觀宋元真跡，多有悟入，所詣益深，為余摹諸名圖，以尋丈巨軸，縮為方冊，能使筆墨酷肖，毫髮不遺，真畫史之絕技，且其素心道氣，超然流俗，尤近世所罕覯，惜乎艾年溘逝，未獲標赤幟於吳中，為後輩指南也。余幽憂窮老，顧影無儔，每憶曩日交情，輒為隕涕，今睹此圖，不勝山陽聞笛之感。

《小中現大》現存台北故宮，冊中對頁多有董其昌重錄原畫上自題，紀年在 1598－1627 年間，從而知各原圖作者，由其中一題悉原圖在丁卯（1627）歸王時敏，董卒於丙子九月，在陳廉前僅三個月，所以陳廉為王時敏製縮本當在 1627－1636 年間，以其人畫藝之高明，而王時敏才在三十六至四十五歲間，必受到很大影響，致令有學者由筆法分析以為冊乃其自臨。由「畫格遂為一變」及「筆墨酷肖，毫髮不遺，真畫史之絕技」等句，相信陳廉曾翻覆臨摹至可以亂真。要掌握各大家

筆法，非一時之功，也許經歷了幾年時間，可惜在畫藝大進後不久即去世，極少流傳作品可比對，王時敏所題二卷皆無款，若無其題，後人亦不知為陳作，其他落款作品則為早期師法趙左的風貌，不為人重視，引致不少學者推測《小中現大》作者另有其人，其實二王記錄相當明確，也符合陳廉淡泊的性格及與王時敏的關係。

王鑑 1670 年所作十二屏中仿董巨二屏構圖頗相似，可能多年後記憶不清，把原冊中一頁融化為仿董仿巨各一屏。張學曾背臨可能是陳廉後最早仿本，在見原作後即繪，與《小中現大》冊中董題同稱為仿董源，構圖雖稍有別，理應無誤，除非原畫本無款識，對頁「董北苑真跡神品。董其昌鑒定」，或為推測判斷，王鑑日後有不同意見，王翬在 1672 年前後所重摹一冊，未註原圖作者。也有以為冊中董題為偽，以王鑑所記為實，但張學曾臨本在前，時、地、人創作背景全合，而且要經考查才發現，非作偽者所能為，是可靠的參考資料。

從另一些畫跋可知張學曾與二王在崇禎年間已相識，其一是父親在 1952 年錯過了的《四賢圖卷》，為過雲樓顧文彬舊藏，卷由四段山水合成，為楊文聰、王時敏、張學曾與惲向（1586－1655）在崇禎戊寅年（1638）為友人楊無補（1598－1657）所作，楊、張、惲三段同作於六月十四日，惲題謂：「龍友、爾唯同集余南郭，為無補社兄畫小卷，亦命余聊補數筆，誌一時相聚之難耳！」王時敏一段為楊無補隨後在七月時相訪邀作，題稱其於「戊寅初秋過婁，以佳紙徵拙畫」。十七年後張學曾在乙未年（1655）為楊無補重題：

戊寅（1638）六月，余訪道生（惲向）於晉陵，忽無補、小有、龍友先後至，舟楫紛然在門，淹留兩日而別。別各有詩，小有刻之，余不記為何語也。今年余來吳郡，僅得一赴陸墓，訪無補又不遇，無補罕入郡，即入郡不喜至官舍，相晤一年間數次耳。每歎道生、龍友化為異物，獨小有健遊如昨。然余三人亦不能合並為樽酒，生平之歡如晉陵時。余謝郡事，無補持畫卷來索題，前為龍友，後為道生，中為煙客與余，締視幀首所跋，正為惲草堂燈下筆，而煙客者亦戊寅所畫也。余以為筆墨至契，此卷俱已備具。所少惟玄照一人，憶其時玄照方為比部郎，居京師，故不相值。然是年，余入都與玄照往還甚密，日講求畫理，則時推無補，不邾今玄照在婁東，可令其追摹曩昔，作遙相唱酬，以為後勁備。戊寅同社五子之畫，但愧余手筆遠遜諸君子，不足相頡頏也。從此一別，開看何時？臨書但增歎慨！乙未臘月，社弟張學曾。

另一是北京故宮所藏王鑒丙申年（1656）正月《仿王蒙山水圖軸》，張學曾在二月題：

曩在都門，王廉州時為比部郎，余與孫伯觀中翰、陸叔度明經、王志不司農晨夕往還，共論琴畫，別來廿載，廉州掛冠歸婁東，余承乏吳郡，先是廉州遊濟上，歸時余將解組矣……廉州罷官在強仕之年，顧盼林泉，

肆力畫苑……客有持此畫來索題……並敍其俯仰今昔之情如此。丙申中春會稽張學曾。

前一題在乙未年十二月稱「余謝郡事」，後一題在丙申二月稱王鑑「遊濟上，歸時余將解組」，所以張學曾任蘇州太守職只是「承乏」補缺暫任，前後不到一年。稱二王為崇禎「戊寅同社五子」中人，可知早已相識，是年六月為楊補之作畫時王鑑人在京師，隨後自己亦上京，二人得以「往還甚密，日講求畫理」。廣東博物館藏王鑑崇禎己卯年（1639）六月作《北固山圖》，自題云：「余自戊寅入都，日為業績所苦，筆墨不知為何物，今歲仲夏出守粵東……」所以張學曾「別來廿載」是指己卯別後十七年（1639－1656）。《穰梨館過眼錄》卷卅七記王鑑《仿宋人巨幅軸》，自題有云：「予己卯歲待罪廉陽，正愜予張公節制兩粵時也。張公乃大司空半芳劉公之至戚，予素荷司空知遇，為忘年交，張公以司空故破格提攜，不以屬禮相加。」按此，王鑑上任廉州太守同年即已犯過「待罪」，罷官歸里當在 1640 年前後，即在上京後僅兩年，其生年一般以為在 1598 年，即四十一歲出仕而四十三歲已去職，《禮記·曲禮上》：「四十曰強，而仕。」所以張學曾稱「廉州罷官在強仕之年」，即指四十過後。《太倉州志》卷十九謂其「由祖蔭歷部曹，出知廉州，時粵中盛開採，鑑力請上台，得罷，二歲歸」。相信「二歲」就是指由離家上京任比部郎至罷官歸里合共兩年，並非在廣東任職兩年。

由此一例可見張學曾甲午畫上題識雖然極簡單，其中蘊含的時、地、人資料，關連到乙未年杪重題《四賢圖卷》和丙

申年初題《仿王蒙山水圖軸》，從而了解到他與二王的交往和三人的一些生平事跡，也涉及一系列其他重要作品如《小中現大》冊，這些訊息是證真辨偽的有力元素，因為一般而言，真跡上的時、地、人訊息是不會互相矛盾的，作偽者則不會細考史實，時有矛盾，也有明知故誤者留下作偽訊息。

王鑒《仿惠崇花溪漁樂扇頁》

張學曾《仿北苑軸》

<table>
<tr><td>清
代
碑
學</td><td>

　　清代法書在圖冊中共刊七軸，其中王時敏、金農和鄭板橋隸書各一，印象比較深刻，另王鐸、方貞觀行書，黃慎草書及錢灃楷書則並不感特出。冊中王、鄭也各刊一畫，父親常言四王畫以王時敏最難得，清代畫竹以鄭板橋最著名，所以借了友人藏畫刊印。1983年春我回港時他集齊了一套四王掛軸，非常興奮，其中王時敏《仿倪瓚雅宜山齋圖》許為第一，他去世後見藏品中鄭板橋《蘭竹石圖》書詞畫俱極佳，是家中所見揚州八怪畫最喜愛的一幅，二圖日後在《玉齋圖目》有錄。

　　每翻閱圖冊法書部分，總回想到昔日家境困難時壁上所掛畫日益少而書日益多，當年清代書軸不為人重，但三軸隸書俱為佳作，惟在父卒前皆已出手，身後出境舊藏中隸書僅得二軸，鄧石如一軸在1993年為家人售去，所以《玉齋展覽》中只得趙之謙（1829—1884）一軸，另圖目附錄鄭板橋一副七言對聯，佔比例偏低，令人錯覺以為父親不重碑學。我除選了趙軸自存外，也一直有意補充一些清人碑學作品，後在拍賣圖目見鄭簠（1622—1693）《隸書唐李適山莊應制詩軸》，頗為出色，估價不高，雖未見原作亦以電話競投，惟識者不少，出價到十倍始得，仍然覺得是很值得的。鄭簠隸書在清初與王時敏齊名，畢生蒐集漢碑，把沉寂多時的古代刻板書體發展成自由表達的藝術，是清初碑學的前衛先鋒，為後來者開路，對石濤（1642—1707）、金農（1687—1763）、鄭板橋（1693—1765）、鄧石如（1743—1805）等名家影響極大，但真跡佳作並不多見。近年得見上博徵集父藏作品中《廣陵十家合冊》有鄭板橋書《禹碑》一頁，又高翔（1688—1753）《書畫合冊》有隸書二開，都可察覺到鄭簠的影響。

　　父親生前家壁從未見一幅篆書，但卒後由國內出境藏品中

</td></tr>
</table>

160 •

卻有鄧石如一軸。我既保留了趙之謙隸書軸，就也注意趙之謙的篆書，在一拍賣圖目見德林《篆書山海經圖贊六屏》（簡稱《山海經圖贊》），書於同治八年（1869），甚有趙之謙筆意而從未聞其名，以為是後學，一查方知原來趙之謙篆書是偷師德林而來，難怪相似。德林乃嘉慶廿五年（1820）進士，年長趙之謙一輩，但或因是滿族人，趙之謙從未公開承認偷師，只在乙丑年（1865）三十七歲時與友人胡子繼信中言及：

> 弟讀《藝舟雙楫》（包世臣撰）者五年，愈想愈不是。自來此間，見鄭僖伯（名道昭，455－516）所書碑，始悟捲鋒，見張宛鄰（名琦，1764－1833）書，始悟轉折，見鄧（石如）山人真跡百餘種，始悟頓挫，然總不解「龍跳虎臥」四字，及閻研香（德林）來，觀其作字，乃大悟橫、豎、波、磔（撇、捺）諸法，閻氏學此已三十年，其訣甚祕，弟難以片刻竊之，究嫌驟人。但於目前諸家可無多讓矣。

德林在漢人書壇寂寂無名，《中國美術家人名辭典》介紹其人：「畫工山水竹石，書法秦、漢、魏、齊之篆、隸、真、草，以其筆法運入畫境，深樸蒼茫……趙之謙遇之，嘗從之學。其後竟諱稱所出，故世人知之者希。」也因此無人偽其作，所以作品不多見，曾見數種俱甚佳，《山海經圖贊》書於1869年，為晚年爐火純青之作，上圖取二屏與鄧石如軸並列，可體會到所謂「龍跳虎臥」的功力。下圖左為故宮藏趙之謙書《史游急就篇軸》中四字，約書於1865年，即在偷師之後致函胡之繼時，右為德林六屏中四字，可見對趙書的影響。

鄭簠《隸書唐李適山莊應制詩軸》

高翔《隸書書畫合冊》

趙之謙（左）與德林（右）篆書比較

父親在遺稿中論收藏之道，謂「要多注意收書法」，去世後發現他對銘文亦有涉獵，香港遺物中有吳昌碩（1844－1927）石鼓文軸，上博藏高翔《書畫合冊》又有銘文二開，近年在拍賣會偶見汪洵（1846－1915）四屏甚佳。汪洵乃常州人，光緒十八年（1892）進士，授編修，暮年鬻書滬上，與吳昌碩、張祖翼、高邕合稱滬上四書家，1910年創立上海書畫研究會，翌年改組為海上題襟館書畫會，任首屆會長，卒後吳昌碩繼任，二人同好碑銘古文金石，也有書畫合作，今日市場上作品價格卻有天壤之別，有如德林與趙之謙。

父親論收藏入門之道有此一項：

三、不要人云亦云，跟着潮流走，要有自己的主見，就性之所近，取自己所喜愛之物，得到從心所欲之妙。

在民國初年古畫中以清宮中流出之宮廷畫家作品至為吃香，如董邦達、錢維城、鄒一桂之流，其價格幾乎超過四王，後來石濤八大遂取代畫院派，並大大打擊了四王惲吳，一度張夕庵、顧鶴慶、潘畫王題，風行滬

趙之謙《隸書費鳳碑節錄》

上，皆因有鎮江幫大量蒐求之故。至抗戰時期，湯戴（湯貽汾、戴熙）忽然崛起，戴尤倍值於湯，我以為大家崇尚氣節，細查原因方知是上海銀錢業中人為要送禮與儲備銀行經理戴靄廬，群起採購，數月之內，成交數百件，價亦漲數倍。到解放後董其昌遭當局貶斥，說他是大地主、官僚、惡霸，他的畫就大大貶值，當時我以二三百元一件買到好幾件，而當時袁江、袁耀的畫，因為說是工人畫家，就大行其道。至於如吳彬、盛茂燁、法若真及揚州畫派，以前不大為人注重，近代因為國際上的蒐求，就受到普遍的尊重了。

　　至於時人畫家，民國初年上海盛行的陸廉夫、吳穀祥、吳昌碩、王一亭，及三任（任熊、任薰、任頤），到後來的三吳一馮（吳子深、吳湖帆、吳待秋、馮超然）及北方的三傅二蕭（傅儒、傅侗、傅沂、蕭瑟、蕭屋泉），到如今昔日繁華都往矣，已只留下任伯年與吳昌碩尚為人看重了，而以前不為人重的齊白石、傅抱石、徐悲鴻、黃賓虹等，如今忽然大紅特紅，一方面是人為的吹捧，一方面是附從的推崇，數年之間，價格上漲了一百倍，一般明清小名家的畫價也望塵莫及了。這些都是時尚，要知藝術是永久性的，各流各派都有其長處，有些畫家時乖運蹇，不為人重，又有些畫家名不副實，徒有虛名，我們要避免跟隨流俗，務求實際，不必兼收並蓄，要知所選擇，則不求便宜，而便宜在其中矣。

汪洵四屏與德林六屏拍賣都無人出價，我就購入了作學習參考。

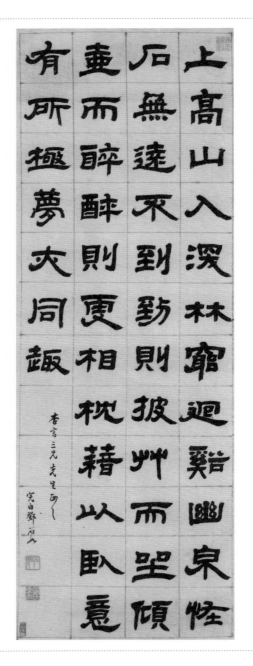

鄧石如《隸書蘭亭序節錄》

鄧石如篆書軸及德林《篆書山海經圖贊十二首》六屏之二

鄭燮書《禹碑》

玉齋舊藏高翔《書畫合冊》中一頁〈兄癸卣〉銘文闡釋

汪洵書
《石鼓文第九第十》
《漢祀三公山碑》

《漢少室石闕銘題名》

《周虢叔旅大林鍾銘》

明代法書是《明清書畫選集》中的特出部分，共刊八件作品，全屬父親自藏名家佳作，依序為吳寬《行書上元夜鄉會詩軸》、李東陽《諸體書種竹詩卷》、王守仁《與鄭邦瑞三札卷》、蔡羽《行書詩冊》、王寵《草書養生論卷》、徐渭《行書手札》、董其昌《行書臨右軍三帖卷》、黃道周《草書詩卷》，加上《吳山歸老詩畫卷》及陳道復《新燕圖詩畫卷》則共十件。可惜至籌劃《玉齋展覽》時僅餘吳、李、徐三件，只展出了前二，雖補加了陳道復《行書千字文冊》、張瑞圖《行草書杜甫詩冊》、李日筆《楷書六研齋稿》，亦僅共展出五件，與前集相較顯得薄弱，令人錯覺父藏書不如畫，距離頗遠，但這只是限於遺物所有，其實他平生收藏是一向書畫並重，宋元藏品更書多於畫，所以在《玉齋圖目》中特意增進了文徵明、文嘉、文震孟、王穉登、張鳳翼等吳門法書扇頁。

在父藏明代法書作品中，李東陽卷是唯一得《墨緣彙觀》著錄的名作，流傳歷史可上溯到明末，近四百年間屢經名家收藏，幾無間隔。原紙末有明僧擔雪弘儲（1604－1672）一跋，翁方綱在卷後抄錄全祖望（1705－1755）《南岳退翁和尚碑》介紹其人事跡：

> 南岳和尚退翁名宏儲，字繼起……師事三峰，為高弟，其後十坐道場而蘇之靈巖最久……為人排大難最多，世不盡知也。吳中高士徐枋歎曰「真以忠孝作佛事者」……築報慈堂於堯峰，以祀其父，壬子卒於靈巖，年六十九，其出家年四十……

弘儲跋對李卷在明清間的流傳有重要交代：

先輩西涯書法古健，竹君子一軸元歎珍惜四十年，
一思得竟陵數行跋，再思得虞山作書許，已而慮二老深
米家之癖，輒止，不肯就二老之貪，而元歎自吝成就，
甲辰（1664）臨岐把來贈別，曰：「和尚為我補過耳。」
明年二月八日，虞山過大鑒堂祝我，出卷語其事。乙巳
（1665）正月，雨浪浪，梅未放，展閱慨然，二公並長往
矣。擔雪弘儲書。

跋中元歎、竟陵、虞山即指徐波（約 1590－1664）、譚友
夏（元春，1586－1637）及錢謙益（牧齋，1582－1664）。徐
波少任俠，明亡後居天池，構落木庵，以枯禪終，生前與譚、
錢過從甚密，二人為竟陵及虞山詩派領袖，吳偉業《梅村集》
卷十有〈宿徐元歎落木庵〉詩，題下註：「元歎棄家住故鄖山
中，亂後歸天池，丙舍落木庵，竟陵譚友夏所題也。」徐波與
弘儲及譚、錢三人交往事跡在王士禎《池北偶談》有述：

吳中詩老徐波元歎，康熙初（1662）年七十餘，尚
在。居天池落木庵，與中峰、靈巖二高僧往還，虞山先
生寄詩云：「皇天老眼慰蹉跎，七十年華小劫過。天寶貞
元詞客盡，江東留得一徐波。」⋯⋯元歎自撰《頑庵生
壙志》⋯⋯又為《落木庵記》云：「癸酉（1633）十月，
與竟陵譚友夏寓其弟服膺德清署中，曉起盥漱，見予白
髮盈梳，云：『子從此別，計必住山，請擇嘉名，以名其

居。』服膺出幅紙，俾作擘窠大字，友夏執筆擬議曰：『子還吳，可謂落葉歸根矣。』遂有此目，今三字揭諸庵門……」

徐波存世墨跡甚罕，父藏一《行書扇頁》，有姚虞琴（1867－1961）甲子年（1924）題，指出上款「如須老社翁」即萊陽姜垓（1614－1655），為崇禎十三年（1640）進士，與方以智同榜，其兄姜埰（如農，1607－1673）乃姜實節（1647－1709）之父，皆遺民名士。

弘儲乃一儒僧，與江南文人雅仕甚多交往，北京故宮藏惲南田名作《靈巖山圖卷》即為賀其甲辰二月大壽所作，題云「先香山翁（伯父惲向，1568－1655）曾為和尚寫《靈巖圖》」，卷後其父惲日初撰〈靈巖山賦為退翁和尚壽〉，可知與惲氏一家深交，甲辰登山拜壽者不少，徐波在壽前去世，遺卷相贈，錢牧齋在年內亦逝，所以在乙巳正月展卷懷友，謂「二公並長往矣」。弘儲存世墨跡甚稀，《靈巖山圖卷》與《種竹詩卷》前

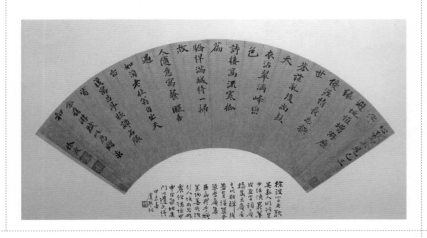

徐波《贈姜垓詩扇頁》

題後跋二篇書於一年間，是重要的參考書跡，前者落款「研山退翁」，鈐「虎丘弘儲」「擔雪和尚」印，後者落款「擔雪弘儲」，鈐「弘儲之印」「繼起」印。

由弘儲跋可知徐波得李東陽卷於明末天啟年間（1621－1627），1664年遺贈，後為安岐（1683－約1746）收藏，著錄於《墨緣彙觀》，手題籤「李西涯諸體書種竹諸詩。麓邨珍藏」仍裝存卷首。翁方綱（1733－1818）得卷於乾隆癸巳（1773）春，後紙五跋書於乾隆戊戌（1778）、庚子（1780）、嘉慶甲子（1804）、庚午（1810），此外，乙巳（1785）題詩於後隔水綾，甲寅冬（1794）因得沈周《移竹詩畫卷》有李東陽原題一詩，二題於前後隔水綾，各詩皆見錄於《復初齋詩集》：乙巳詩載卷三十，甲寅詩載卷四七，甲子詩載卷五七，庚午（1810）詩〈題徐元歎山中未開梅詩手草〉載卷六三，其下註「此詩即書於篋藏李茶陵竹詩退翁和尚跋後也」，可知在翁氏也抄錄了徐波原詩在弘儲跋後，今已不存，弘儲跋後僅接一狹紙條，上有翁氏「蘇齋墨緣」印，並有安岐「心賞」及張大千「張氏寶藏」二印騎縫，翁抄徐詩顯然已為人剪去，餘一空紙條。翁方綱對此卷顯然極為重視，共題九次之多，而且響應李東陽用了不同書體。

李東陽，字賓之，號西涯，謚文正，天順八年（1464）進士，在朝近五十年，有賢相之譽，明孝宗弘治年間（1488－1505）官至太子太保、禮部尚書兼文淵閣大學士，摯交吳寬（1435－1504）為成化八年（1472）狀元，在弘治十六年（1503）繼其任為禮部尚書，卒後李東陽為《家藏集》撰序。孝宗駕崩，李東陽獲委以治國重任，擔當顧命大臣。正德年

間（1506—1521）進少傅兼太子太傅、吏部尚書，但見武宗荒淫，宦官亂政，在正德七年（1512）以老病辭官，於正德十一年（1516）七月二十日病逝，《種竹詩卷》書於同年二月八日，自識云：

> 張甥屢為移竹助我園居之興，為書往歲諸詩，以見種竹之難如此。後數首乃得竹時所作。凡為有關於竹者皆附焉。甥娶於吾之從女，而吾弟不及見，故題曰「竹林餘興」，蓋諸子兆廷嘗為速成之也。正德丙子二月八日西涯翁識。

由此知卷首原有「竹林餘興」四大字，按翁方綱庚午（1810）題，當時已佚。又李東陽在書此卷後四日題米芾《苕溪詩卷》，前一年乙亥（1515）三月廿七日長題《清明上河圖》，皆為晚年書法的重要參考。此前李東陽在弘治辛亥（1491年，四十五歲）也曾為友朱鶴波題《清明上河圖》，其後圖為內閣首輔大臣徐溥（1428—1499）所藏，卒前「詒命其孫中書舍人文燦以歸」，所以晚年重題，又父藏《吳山歸老詩畫卷》有其三十四歲時（1479年）書序，二篇乃中早年行楷書參考。

李東陽書法在幼年已為人識，屢次參見景泰帝，於御前獻技。初學顏真卿，盡得其神，又別樹一格，尤精大草，時人稱歎謂「中古絕技也」，兼工篆隸古文，多為內閣揮毫寫疏草。1920年崇彝見《種竹詩卷》於寶熙齋中，在《選學齋書畫寓目記》詳為評述：

凡自書詩十四章，各體咸備，內中惟〈漫興〉七絕二首一篆書一大草，〈懷竹〉五古一首係正楷，餘俱行草，詩後題並款十三行……茶陵在明季宰輔中最負書名，此卷乃予告家居所書，真暮年筆，雖多參取平原（顏真卿）法而神明變化，妙緒環生，蓋學顏而至於化境者也，其法後來惟汀州伊秉壽能傳其意……明賢書中名跡也。

　　崇彝並記弘儲一題、翁方綱隔水三題，謂「後紙又有長題關於文正事跡，考核極詳，字亦迥異平日，從永興（虞世南）法，超妙無比，款戊戌冬，此最初之跋」，又記其後翁氏四跋，但未言及弘儲跋後有翁錄徐詩，可知當時已佚。

　　李東陽為政壇及文壇領袖，又以書法稱世，真、行、草、篆各體皆擅，並精賞鑒，這全面性的成就在明代中葉實無人能及，由翁方綱諸題可見極為崇拜，朋友中法式善（梧門，1753－1813）也奉李東陽為偶像，嘗居淨業湖楊柳灣，近李東陽舊址，所收自號「小西涯居士」，嘉慶九年（1804）得李東陽行書《畫馬詩卷》，翁方綱為題云：

　　……梧門與文正若有宿世翰墨緣者，比年以來，與毗陵胡蕙麓訪葺畏吾邨墓，築祠立石。又撰茶陵年譜，曠世神交，文正當以手跡報之。予自壬辰（1772）春得文正種竹詩卷，廿年後又得石田為文正作移竹圖，又適得文正《移竹詩》原稿，延津劍合，皆非偶然。予又得茶陵像並名印，梧門皆弆藏於篋。每歲六月九日，梧門招集同人作先生生日，既屢有酬詠成卷矣。今於梧門得此

真跡，益足以重望古懷賢之慕，締茗甌筍脯之盟，因其命工重裝，故為題識於後。嘉慶九年歲在甲子秋七月廿八日。（2012 年嘉德春拍拍品 #1838 號）

翁方綱一再提到的《移竹詩畫卷》在張珩《木雁筆記・畫三》有錄，卷有沈周水墨畫並題詩，別紙李東陽題一詩，又一紙王穉登題，另翁方綱、法式善多題，卷首甲寅年（1794）翁題謂當時還請羅聘繪《南軒補竹圖》、閔貞繪《西涯竹圖卷》。《木雁筆記・畫一》又錄羅聘為法式善作《小西涯詩意圖冊》，後有翁方綱嘉慶三年（1798）長題《李西涯論》云：

> 吾齋以舊藏西涯《種竹詩卷》，又得石田《移竹詩畫卷》，又貌西涯之像，而梧門以居近西涯，作《西涯考》，又自號小西涯，又於西涯舊址集同人作西涯生日，又為之圖，吾與梧門如是其締……

由此可見翁、法二人確可稱為李東陽迷。由張珩記錄，《移竹詩畫卷》每紙有譚區齋及父印，可信原為區齋物，在香港散出後為父獲，張珩見卷於 1962 年，即與王安石卷同時，估計父親在經濟困難時出手，今下落不明，相信仍存於世。

《種竹詩卷》以真、行、草、篆四體共書詩十四首，長達十米，七紙六接皆有「儀周珍藏」騎縫印，如此長卷能保存五百餘年而未遭宰割，僅失引首四字及翁錄徐詩，實難能可貴，主要原因是大部分時間為資深賞鑒家善存遞藏，翁方綱後傳到葉志詵（東卿，1779－1863）、葉名澧（潤臣，1811－

1858）父子，皆博學好古之士，擅金石書法，葉氏與翁方綱淵源甚深，承傳了不少翁氏珍藏，之後為寶熙（1871—1942），朱文鈞（1882—1937）及張大千遞藏，寶熙鈐印「沈盦銘心之品」，大千書外籤「李西涯種竹詩真跡無上神品」，並鈐「南北東西只有相隨無別離」「球圖寶骨肉情」等印，可見其珍重，估計在 1950 年前後轉讓予父。

我於 2004 年得李卷後才首次得以細閱，因素知父親酷愛墨竹畫，見其中〈懷竹詩〉有「得竹如得玉」一句，頓悟「玉齋」別號或由此出，其後數年也就特意查考了一些有關李卷的資料，茲記於上。近年法書市場價格上揚，達到書畫等價，正如中學大學期間父親常言。

南岳退翁和尚碑　鄞縣全祖望撰

南岳和尚退翁名宏儲字繼起之興化人姓李氏髫歲出家師事三峰為高弟其後十坐道場而蘇之靈巖最久退翁之父始祖各綠為理官子孫固氏理其子曰吾始祖乃李氏吾子孫尚復姓理氏先是中州李寒石恥與賊同姓改理氏嘉祉末之知也而其後以音同亦氏之今賊乃李氏吾子適與之合天下傳為二理退翁雖出家世猶上書改理氏為理退翁出家茲感其父之大節為人排大難家多世不畫知也吳中高士徐枋上帨堂正當靈巖孝作佛事者枋所居澗上可寧耐寒餓不肯納絲粟餽顧於退翁有深斟自稱白衣弟子退翁時其急而周之無不受退翁既久居吳明發之慕老而不衰乃築報慈堂于堯峰以祀其父壬子卒于靈巖年六十九其出家年四十所著有靈巖樹泉集孝經箋說

壬子是康熙十一年則退翁出家六十六年癸未是歲乙巳春蓋年六十一矣

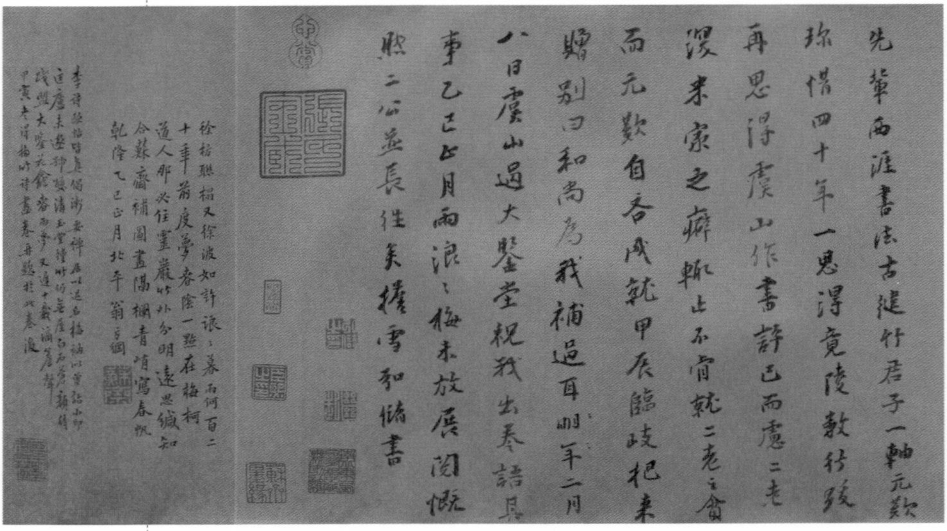

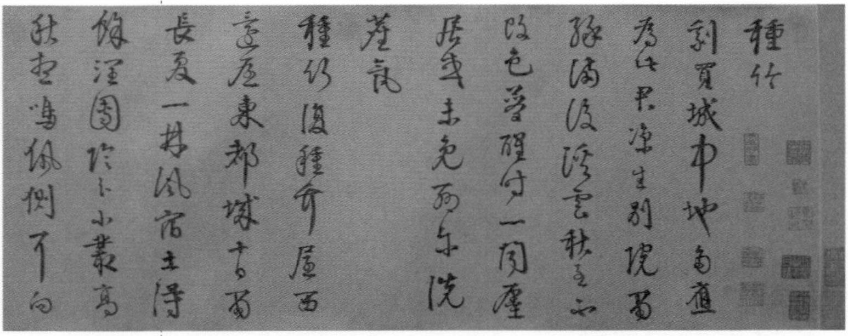

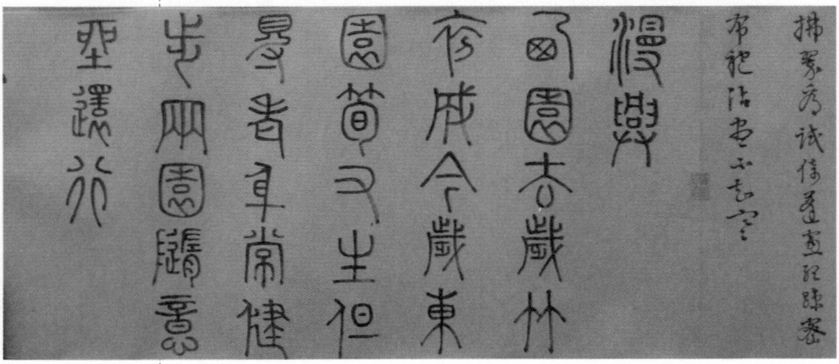

李東陽

《諸體書種竹詩卷》之弘儲跋（上）

《諸體書種竹詩卷》片段 1（中）

《諸體書種竹詩卷》片段 2（下）

懷竹

三年不種竹得竹如得
玉十日不見竹一日腸
九曲初聞平安報舊葉
舒更綠忽聽歡笑聲新
筍抽五六兒童為解事
知我性所欲平生愛孤
澹不猒食無肉憑將垂
老身醫此未盡俗倉皇
欲傾倒愁病相縛束昨
夜偶夢之清風灑心目
呼童汲泉水日夕勤灌
天吾廷晚當佳吾髮朔

《諸體書種竹詩卷》片段3（上）
《諸體書種竹詩卷》片段4（下）

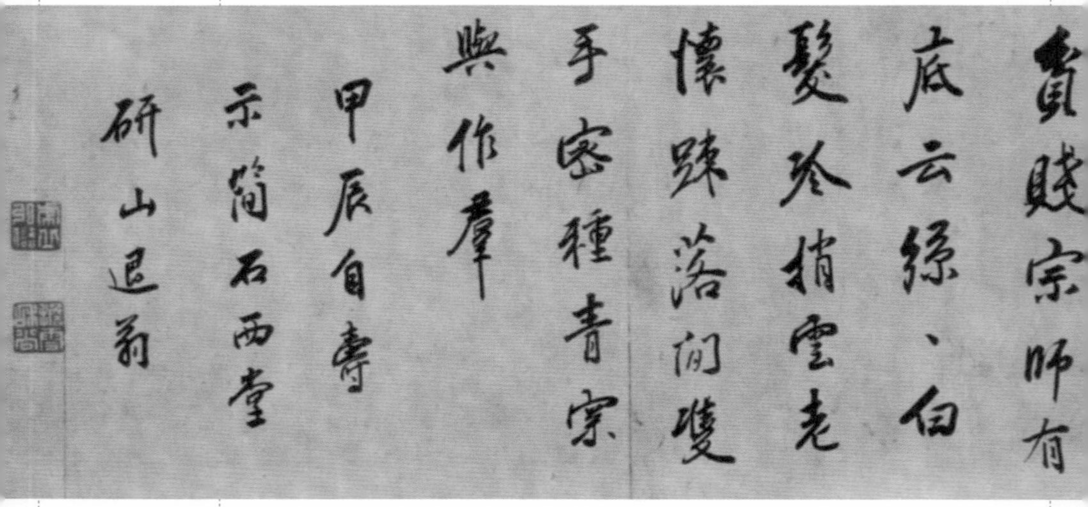

貴賤宗師有

底云綠、白

髮珍拋雲老

懷蹤落閒雙

手密種青宗

與作摩

甲辰自壽

示簡石西堂

研山退翁

惲南田《靈巖山圖卷》引首弘儲題詩

古清明上河圖一卷宋翰林畫史東武
張擇端所作上河云者蓋其時俗所尚
若今之上塚然故其盛如此也圖高不
滿尺長二丈有奇人形不能寸小者纔
一二分他物稱是自遠而近自略而詳
自郊墅以及城市山則巍然而高隤然

李東陽丙子二月十二日題米芾《苕溪詩卷》及乙亥三月廿七日題《清明上河圖》

云振錫西泠渡潮聲定後聞殿侵
盤鐙雪衱瀅渡江雲樹向雙厓合
泉經一枝分石林精舍好攑鳥慰離
羣又有靈巖繼起和尚應曹邨金
相國請住虎邱祖席詩應物心無繫
觀空老辨　才云云　曹邨金文通之後入
本朝為大寧士也王文簡池北偶談
云吳中詩老徐波元歎康熙初年七
十尚在居天池落木庵与中峯靈
巖二高僧迭還靈巖即繼起也
而此跋謂元歎珎惜四十年則此卷歸
徐在天啟初年尚是其未歸落木
庵時也乙巳正月是康熙四年距
文正書卷已百五十年矣後一百八年為
乾隆癸巳春此卷歸於予齋又後
五年戊戌冬題於後　北平翁方綱

翁方綱題李東陽《諸體書種竹詩卷》

右明茶陵李文正自書種竹詩凡十四首
其漫興步曰感懷回文獨坐湯餅六詩
本集無之後題正德丙子二月西涯
翁識文正卒於是年七月年七十其致仕
在正德七年壬申之十二月年六十六也陸文
裕跋國賢詩卷云壬申二月深与脩撰何
粹夫瑭撿討盛峯道端明謁文正於私第
議及國事公手揮雙淚意甚悲愴是
時猶未致仕也耿公芝向贖公故第為祠
型象刻銘於祓履之槍時為嘉靖四
年乙酉去公之歿緩九年而故第巳經
易主今无夏無有知其處者笑後跋
者釋宏儲字繼起晚號退翁南通州
李氏子年二十五授三峯藏和尚力蔘
頂朗大法住常州之夫楙祥符又歷
台州之東山脁仁天台之國清興化慧
明瑞嚴天寧諸刹挂錫於靈嚴山

卷五

異域交遊

蜘
蛛
圖

旅美七年

在我離港後，自 1975 起父母常訪美加探望六子女，記憶中七年間與父親見面共七次，沒見面時也書信無間。

1975 秋，我已在芝大一年，搬出了學生宿舍，有自己的地方，獨居靜心溫習，準備十二月考博士生資格試，父母來訪時大概是九月，天氣已開始轉涼，校園附近沒什麼好菜館，我也沒車子，所以下午去飛機場迎接前把晚飯的菜燒好，預算接機回來已是傍晚，重熱一下即可用，果然抵家時父親已有餓感，見桌上有一碟白切雞，就先吃起來，說很鮮嫩，問何處買來，我答說自己做的，有個朋友家在香港開酒樓，自己也好食愛煮，請我吃飯時我就請教了祕方。隨後我熱了鍋裏的紅燒圓蹄，他一吃就說和母親燒的味道一樣，另外我準備了蠔油生菜和蝦米蒸豆腐，燒水即成，兩葷兩素，他驚訝不已，整晚說做夢也想不到會吃到我燒的菜。他是吃遍香港的美食專家，平日在外與朋友共膳多於在家，回家習慣報道當日菜式，一一品評優劣，這頓飯胃口奇佳，讚不絕口。

芝大圖書館頂樓是東亞圖書館，港台學生都常會去看看報章雜誌，有一次偶遇一美國學生名包華石（Martin Powers），太太是香港學生，相談下原來他修讀藝術史，博士論文研究姚綬，我告訴他父藏有一卷姚綬山水，可惜無圖片可相示，後來他聞父要來訪，堅持邀約與他的導師斯德本（Harrie Vanderstappen，1921－2007）教授一聚。斯教授是天主教神父，生於荷蘭，1947 年到中國傳教，因而對藝術產生興趣，1959 年始在芝大任教，父親逗留僅兩三天，只能晚上往他家見面，但居處離校園頗遠，幸而包君有汽車接送。恰巧父親此行給我帶了他剛出版的明清畫冊一部，內有姚綬《吳山歸老》大

圖，就轉贈了斯教授，當晚他們三人以國語交談，各有鄉音，內容我全不懂，為之納悶，只記得談到夜深始盡興而歸。

父母離開後到加州聖巴巴拉探二兄，不久即來電說在附近買了房子，很快入伙，這計劃在芝加哥也有談及。聖巴巴拉是小城，當時房地產價錢不高，天氣好，往來香港也方便，父母有了落腳地可多見兒女，香港天氣不舒服的季節就在美國住一陣，大部分時間不在，有二兄打理，不用掛心，這時剛售出了程正揆《江山臥遊圖卷》，得款可助付房價，各種條件配合，父親就當機立斷了。12 月間子女一一到訪。我考過了資格試即飛往，最早到也最晚離開，見父母都很適應新環境，父親駛車陪伴母親買菜，是前所未見之事，每天看電視的遊戲節目，既作娛樂，也是學習英語機會。聖誕至新年間一星期六子女到了五人，非常高興，覺得作了一個很理想的晚年計劃，沒想到這首次重聚也是他生前最後一次。

此後三年，父親以加州作基地，每次訪美循環探望東西岸兒女，芝加哥雖在往來紐約中途，校園附近無所事事，也沒朋友，所以少到。1977 年五六月間他在香港見到紐約拍賣目錄中有夏景《風雨竹對軸》，有意收購，即獨自直飛，這時我已不見他逾年，天氣也好，就與未婚妻肖蘊由芝加哥駛車廿四小時車到紐約一聚。他已到過紐約多次，相當熟識，帶我們到處逛，那一家館子什麼菜式好他都有數。

1978 年春父親借出十五件藏品給聖巴巴拉藝術博物館展覽，我沒專程去參觀，因為一半是往日家中已見者。秋涼後父母到訪，是三年來首次重回芝加哥，給我帶了一本介紹展品的小冊子，封面是他臥室常掛的倪瓚山水小幀，右下角有「翼盦

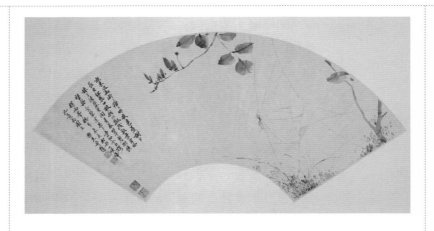

羅聘
《蜘蛛圖》扇頁

審定」及「董其昌印」，前者相信是前故宮專家朱文鈞（1882—
1937），封底是柯九思大軸，未見過的新藏有七，大部分沒圖
片，當年也沒去關注，近年翻閱見到其中有頗佳之作，如羅聘
《蜘蛛圖》扇頁，翌年為耶魯大學購入，另張若藹《臨北宋李
迪荔子圖卷》為《石渠寶笈》著錄作品，又王昱《山水圖軸》，
皆在生前已出手，餘者日後在遺物中有見。

　　此行到芝加哥原因之一是順道前往密西根大學，訪武佩聖
先生和愛華慈教授，獨自坐火車往返，我和武先生在兩端車站
接送，也很方便。日後武先生為《玉齋圖目》撰文，憶述父親
看畫速度之快，兩小時不到看完全部館藏，許多看一小段就捲
起，和他 1970 年台北歸來自述情況一樣，可知沒有誇張。

　　1978 年秋，我的論文研究已做了近三年，導師韓保羅
（Paul Horn）教授夫婦很熱情，堅邀我們到他家中晚飯共聚，
請了鄰居何炳棣教授（1917—2012）夫婦作陪客。何教授是海
外中國史學權威，又請我們下午先到他家小聚，當時是華國鋒
掌政首年，四人幫被捕，鄧小平復出，所以話題環繞着對大陸

政局的看法，與父親相談甚為投契。後來何教授要拿幾件古畫給父親看，在等候時我注意到廊壁上掛了一吳湖帆山水小幅鏡片，直覺不錯，告訴父親，他看了一下點頭認可。何教授拿出三四件手卷，謂欲出手而無門路，父親速看了，說是真跡，但品相不佳，自己無意收購，何教授詢可帶到香港託行家出售，他是投機性質買入，並不好收藏，懇請援手。父親好交朋友，詢欲索價多少，以為合理就應允了。他在過訪前已猜到何教授或有書畫欲出手，吩咐我帶了支票本，這時即叫我按何教授價寫一支票相予，他出門帶了銀行本票，存入我戶口。數天後何教授就可兌現我的支票，何教授大為詫異，說售出再付好了，但父親為人爽快，說有信心可達到何教授所求或不止，會交付掮客銷售，賣多了再補給他，何教授非常高興，收下了支票。這時父又詢吳湖帆畫可願割讓，謂我喜歡，欲購以贈我云，何教授謂不喜吳畫迂腐，欲相贈為報，我當不受，推讓之下何教授說購入時價錢若干，原價相讓可以了，這價目在我能力範圍之內，就再寫了一張支票，也不須父親相贈了。至此已近晚飯時間，即步過韓師家。何教授心情甚佳，當晚話題滔滔不絕，中英並用，盡歡而散。是日首次目睹父親一宗小交易，似乎一切都在他意料之內，行動爽快慷慨，確是他的個性，完全沒有斤斤計較價錢，自後何教授與他一直保持往來，每年往中國作學術訪問途經香港，必順道探訪。

此前二年間父屢回國省親，因而有不少親友託付協助兒女出國，但限於英語程度而不能直接申請大學，就此與何教授商討，得其仗義應允作擔保人，協助各子弟得獲簽證，先行到芝加哥補習英語，再申請一年後入學。受惠子弟由此而為事業

與家庭闖開了新前途，他們下一代的命運更完全改觀。回首當年，一切始於父親以助人為樂的個性，與何教授建立了交情，因而給親友子弟製造了扭轉人生的機緣。

父母離芝加哥回加州，在聖誕新年假期間，忽接電話悉父母與兄嫂吵鬧了一大場。父親一生為人心平氣和，對子女只有付出而一無所求，不言人長短，所謂「相見好，同住難」，最終父親只好放棄了晚年計劃，三個月後售去房子，不再重回，自此以後屢聞他說母親絕不可與子女同住，否則必破壞兒女家庭，卒後母親也常說這是父親叮囑。當年爭吵詳情我問及父親也絕口不提。

適值 1979 年始中國門戶開放，父親常回上海探望祖父母及其他親友，到 1981 年初才再重到芝加哥，這時我已畢業在即，3 月下旬將往耶魯大學任研究員職。他注意到我廳裏除吳湖帆畫外掛多了兩幅印刷品作裝飾，一是張大千荷花，另一是夏景竹，說似為葉遐翁舊藏，不知原作何去。我告訴他是唐人街書店偶見買的，一二元一張，沒註來源，框子比印本貴十倍不止，近年才發現夏竹原作為《淇水清風圖卷》，藏北京故宮，右下角有葉公印，後有葉公 1949 年夏題：

> 仲昭畫竹名重當時，然傳世之作似多僅達能品，觀此方知其真實本領，此卷藏遐庵經年，今偶展讀，又得一番印證，余藏物今餘不及十一，只佛像與畫竹未盡散耳。民國三十八年大暑葉恭綽記。

由此而知葉公藏品有部分在 1945 年離滬南回後始散出，

1944 年父親初入門時僅得其次要明清藏品，幾件宋元重品可能日後在港穗重聚時才相讓。

第六次在美國與父親相見在 1981 年杪聖誕新年假期間，我已在耶魯大學任職，10 月初女兒樂怡在大學醫院出世，在我家時除弄孫為樂外，也拜訪了在耶魯大學任教的班宗華教授（Richard Barnhardt）與藝術館長倪密博士（Mimi Neill Gates），因而我也認識了他們，十年後大家合作舉辦展覽，意料不到。

1982 年夏我離開耶魯，在康州一研究所任職，更接近紐約，9 月母親獨行往加州、溫哥華及紐約訪各子女，10 月初終站到我新居，準備父親 11 月來聚合，再一同回港。此時父親一人在港，也不寂寞，常有來信。

父親不嗜煙酒而好食，搓麻將技高而牌品佳，所以飯局雀局都有友人邀約不已，正好此時相請作書畫專題演講者甚多，頗以為樂：

> 　　近來為敏求會員講鑒定方法，每周一次，到十月三日講完，十月五日接受求知雅集的邀請講鑒定，求知是敏求之外的另一收藏家集團，也有會員數十人……十月十二日應扶輪社邀請在喜來登酒店午餐會上講中國畫，到時有許多記者在場，電視台也來攝影，十月底去上海……（1982/09/25）

為這些演講所撰稿辭，卒後始見，近年才細讀體會，作為學習基礎。

結果父親如期到紐約參加兩場拍賣，中間到我家盤桓數

玉齋先生抱孫女樂怡，1981 年

日，此時我住的小鎮秋色已近尾聲，恰逢天氣暖和，得以出外散步，欣賞天然山水美色，見到孫女已能行走說話，尤為喜悅，我們就約定翌年 4 月他生日時回港賀他六十大壽，他生於甲子，癸亥（1983）是中國算法六十，再一年甲子是西方算法六十，這兩個最後的壽辰，我一家三口都得以陪他歡樂度過，拍了些照片，沒想到是最後的回憶。

玉齋先生和兒子孫女，1982 年

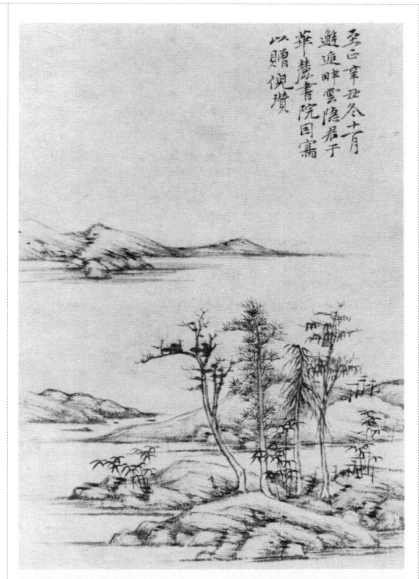

癸巳辛丑冬十月
避追畔雲隱君子
華慶書院同寫
以贈倪瓚

FIVE CENTURIES OF CHINESE PAINTING
From the Collection of N. P. Wong

聖巴巴拉藝術博物館展覽介紹冊封面，原倪瓚山水小幀

夏杲《淇水清風圖卷》印刷品

話說那天與韓保羅導師及何炳棣教授晚飯回家後，父親也沒重看幾件古畫，反而對吳湖帆《仿沈西莊秋林觀瀑圖》仔細再看，尤其是左下角一方白文印，翻覆在燈光下才讀出印文「算如此溪山甚時重至」，說這方印很特別，未曾見吳湖帆用過，但不似是收藏家所鈐。畫作於 1954 年春，吳湖帆自題：

> 近獲沈西莊《秋林觀瀑圖》，魄力雄渾，大有仲圭風度，自是石田先聲也。甲午春日戲擬大致。吳湖帆。

沈西莊即沈貞（1400－1482），沈周的伯父，工詩善畫，尤精山水，於明仁宗洪熙元年（1425）繪《秋林觀瀑圖》，現存蘇州市博物館。

多年來這張畫我一直掛着，因為很有紀念性，但直至最近才興起研究之心。先看父親談及的方印，上面是「算如此溪山甚時重至」，一查發覺是來自南宋詩人姜夔的《解連環·玉鞍重倚》詞：

> 玉鞍重倚，卻沉吟未上，又縈離思。為大喬能撥春風，小喬妙移箏，雁啼秋水。柳怯雲鬆，更何必、十分梳洗。道郎攜羽扇，那日隔簾，半面曾記。
>
> 西窗夜涼雨霽，歎幽歡未足，何事輕棄。問後約、空指薔薇，算如此溪山，甚時重至。水驛燈昏，又見在、曲屏近底。念唯有、夜來皓月，照伊自睡。

意指溪山如此美好，也不知何時可以重到。吳湖帆正好用

在這張畫上。其實這印章在他其他作品也有用的，在上海出版社的《吳湖帆書畫集》（2001年）就有幾個例子，如他1939年作的《春雲煙柳立軸》，及1951年的《秋山晴靄立軸》也鈐這個印章，而且作品都是描述美景。

吳湖帆《仿沈西莊秋林觀瀑圖》

吳湖帆《仿沈西莊秋林觀瀑圖》左下角「算如此溪山甚時重至」印章

在 1970 年後父親以藏易藏，藏品的質與量均漸有增進。1971 年初夏，家居由大坑道半山宏豐台遷往山下市區禮頓道，接近跑馬地區入口，新居壁上可懸掛畫軸的位置不多，空氣污染也較嚴重，所以大部分藏品寄存中大文物館，父親着意收藏一些斗方扇頁作品，適合懸置家中觀賞，這些新藏因屬小品，在 1975 年出版的《明清書畫選集》大都沒刊載，唯一例外是明代吳偉（1459－1508）《蘭亭人物》四頁，〈編後記〉簡介：

> 吳小仙為弘治畫狀元，以人物見長，此乃其《蘭亭修禊人物冊》之四頁，聞原冊四十頁，僅尾頁有款。十年前在日本散出四方，此後恐無復合之可能矣。

這四頁在生前已出手，近年見其中兩頁出現在拍賣場，可知又再被拆分，沒有鏡框才首次見到對頁有溥儒題，也注意到畫上有朱省齋印，二人分卒於 1963 及 1970 年，可信父親所聞傳述來自二故友，有巧近年在美國一私人藏家處得見原冊若干頁集成一冊，遂亦轉告之。

在大學期間入門的法書扇頁除前述法若真《贈權姪大雨賞荷詩》外，記憶最清晰是一文徵明行書金扇，裝配成同一尺寸，疊置一鏡框內，替換展觀。文扇落款「徵明」，無上款及時地，父謂乃其八十歲後晚年作品，當時我字也看不大懂，不知他從何判斷，只能半信半疑。近年查考《甫田集》，始知所書為《題漁隱圖四首》中夏、秋二首，詩作於八十一歲前後，書扇當更晚，符合父親估計，所以賞鑒家之所謂眼光就是見多識廣，見書畫如見其人面目，無款無印也往往可由書法而知作

者，判斷年代，再考證時地背景，若無矛盾，就有信心是真跡了。日後此鏡框又添一王鑒 1665 年淺絳《仿王蒙雲壑松陰圖》。

同期間父親又收入了幾幅明人金箋扇頁，包括錢穀（1508－1572）五十三歲《春山訪友圖》，宋旭（1525－約 1606）八十一歲《仿沈周山水圖》、曹羲 1599 年作《竹溪高士圖》等，亦裱成同樣大小疊置一鏡框內輪流展觀。曹羲畫甚罕見，《畫史會要》稱其為「長洲人，寓武林，人物、山水筆墨秀潔，能以氣韻擅勝」，此圖融合了浙派的人物線條與吳門的精細景物，極為難得。

錢穀是文徵明的真正入室弟子，《江南通志》卷一百六十五記：「錢穀，字叔寶，吳人，少孤貧，家無典籍，遊文徵明之門，日取架上書讀之，以其餘能習繪事，得沈周法。」《六藝之一錄》又記：「師文太史，家故貧，以好客故益貧，室無長物，太史題其楣曰『懸磬』，因自號磬室。」錢穀佳作不多見，翻閱出版畫冊亦未見有更精。宋旭追法沈周，萬曆年間名氣極盛，授趙左、宋懋晉，再傳沈士充，發展成蘇松畫派，由此晚年作品可見名不虛傳。

以上六扇頁皆可稱真精新，今仍分置二鏡框如四十年前。同期入藏又有黃慎《蘇武牧羊》斗方、趙之謙《花卉紈扇》等，因《玉齋展覽》不選小品，許多納入了《玉齋圖目．附錄》，但亦限於篇幅，不能盡錄。當年這些小品價格不高，所以父親得以精挑細選，這些也是他台北之行後最有印象的新藏，可惜在《明清書畫選集》沒有刊錄。

雖然七十年代前期收藏大都收入《明清書畫選集》，也有在定稿後才入藏的佳作，其中以揚州四家合作的《桐華庵集勝

圖軸》最為特出，得於台北，華喦（1682－1756）寫生並識：

> 乾隆丙寅（1746年）秋九月同人集程子夢飛（程兆熊，1717－1764）桐華庵齋中，清話之餘，野鳥相逐，秋色爭妍，得此佳趣，爰對景書之，時顏叟（顏岳）寫菊，許丈（許濱）補石，夢飛曰「此幅似未畢乃事也，得板橋墨竹則可矣」，俄頃童子報曰「鄭先生來也」，相見揖讓，更寫竹最數個。

裱邊有程兆熊題詩自述，又五家應邀題詩、包括陳撰（1678－1758）及金農（1686－1763）於壬申年（1752），另高翔（1688－1753）、陳章、江昉（1727－1793）不紀年，雖戲遊之作，集十人詩書畫，記雅集情趣，相當別緻難得，但若論繪畫藝術則與回歸故宮的《鷹兔海棠圖軸》相去甚遠了。

七十年代後期父親開始注意紐約拍賣，1977年購入夏景《風雨竹對軸》，為平生快事，記於1982年演講稿中，為收藏緣分之一例：

> 1949年予在香港，畫家吳子深（1893－1972）來告曰孫養農有夏仲昭《風雨竹對軸》，真精新俱備，尺幅亦適中，且有數同時人題跋，（乾嘉間）曾經畢澗飛收藏，乃孫氏夫人贈嫁者，今有意出手，予丞請其往洽。子深與予為忘年交，畫竹尤所長，其所藏夏仲昭《半窗春雨》二幅曾以歸予，但留滬未攜出，故彼悉予為極嗜夏竹者。次日子深空手來云，昨日訪未能晤，今日再去

則已不及，二竹經歸落上海市長吳氏矣。為此予懊喪久之，予亦嗟竟未得一見，洎來二十八年，1977年春，紐約蘇富比拍賣行寄來之目錄中，赫有夏竹二軸在焉，所載固與前聞符合，然不敢必為同物，時距拍賣日期已僅一周，乃亟購機票耑往觀之，是孫氏故物也，遂以重值購之，唯經多人展握折損，舊裝已敝，攜回香港即付裝池，今乃煥然，是仲昭之遇我，亦予之幸也，惜子深已溘逝三載，敬奉香祝告九泉，亦當為故人雀躍歟！

這拍賣時我已不見父親逾年，特意由芝加哥開廿四小時車到紐約和他見面，因而得聞了一些有趣的拍賣內情，當年蘇富比才剛開始拍賣古代書畫，聘王季遷為顧問專家，由於缺乏可靠流傳記錄證明，作者在圖目中多列為「相傳」（Attributed），夏景對軸不但拆分作二單件，且不連續拍賣，一般人不知原為一對。他到紐約習慣與王季遷相聚，這次忽忽成行，不欲人知其有意，在拍賣前特意不露面，也不照會任何朋友，結果舉手競投就是他倆，二人在拍場位置互不能見，王氏兩度失手後離座察看對手何人，訝見父親赫然在座，驚奇他為兩幅畫遠道專程到紐約。以後數年父親也繼續參加拍賣會，有進有出，得以替換藏品，《吳山歸老詩畫卷》大約在1980年前後拍賣出手，為安思遠購入，三十年後復售出，價高近百萬美元，上升十倍不止了。

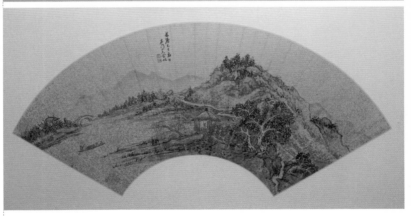

文徵明行書金扇（上）

曹羲《竹溪高士圖》（中）

宋旭《仿沈周山水圖》（下）

黃慎《蘇武牧羊》（左上）

趙之謙《花卉紈扇》（右上）

王鑒《仿王蒙雲壑松陰圖》（中）

錢穀《春山訪友圖》（下）

卷六

南屏餘響

論畫山水圖軸
贈段紫峰

清末民初有不少清宮舊藏流入民間，為收藏家所仰慕，1922 年後溥儀盜竊書畫之事固然廣為人知，但此前已有各種其他流失情況，在腐敗政府中，官員監守自盜，並非始於溥儀，權臣要寵以賞賜為名掠取，也是常事。在七十年代後期父親所收的作品中最少知道有四件《石渠寶笈初編》（簡稱《石渠初編》或《石渠》）著錄作品，但父親似乎不特別重視，評價不受影響，其中理智不難了解。

文物入宮如百川匯海，來源各有不同，自然真偽混集，良莠不齊，在《石渠初編》成書時（1745 年），還有分上等、次等，凡例云「是編所收皆古今名跡，雖或臨本逼真亦暨置之次等，題疑俱仍其舊而真贗自別。」所以次等可以是水平低的真跡，也可以是水平高的偽作，臣工書畫則實際上全列為次等。此外，宮中當然也有不少不入錄的平庸作品，但也必鈐宮印識別，在《石渠重編》和《三編》成書時（1793 及 1819 年），已不再分等級，編者不同，甄選標準自然也有別，所以鈐印、著錄或御題都不保證質素，「真贗自別」與民間作品無異。不論流入民間或保存宮內的作品也都會有做偽和盜竊之類事情，以下兩例可證。

例一：父藏惲南田御題畫冊頁在民國初期已為《中國名畫集》刊印，著錄為晚清權臣端方物，出宮當在 1911 年卒前，其後為譚敬所藏，就製作了雙胞偽本，2008 年秋在香港拍賣出現，此前我在紐約得見，拍了照片與真本圖像仔細比對，發現程度相當高，單獨看是不易辨偽的。

例二：現存最佳《蘭亭序》墨跡摹本之一是元代陸繼善（字繼之，號玄素）由唐摹本所重摹，後有柯九思、倪瓚等友

人跋，《石渠寶笈初編》有著錄，並連跋刻入《三希堂法帖》（1747 年竣工），現存台北故宮，在 1994 年「雲間書派」展覽及 2007 年「傳移模寫」展覽曾兩度展出，但把墨跡本與法帖比對即發現前帖逼真而各後跋面目全非，各元代名家題跋無疑在刻帖後為人換去。

這類事情在太平盛世也會發生，亂世之中只有更猖獗，清宮舊藏在市場上追求者眾，做偽事情自然也多，有《石渠》著錄的可能有雙胞，沒有著錄或鈐印不符合規格的更須當心。父藏中鄒一桂《太古雲嵐圖軸》也因恐為雙胞偽作而詳為考證，記錄在遺稿中：

> 1976 年春予在台北，一日清晨予尚偃臥，有以電話就者，詢予有意觀一鄒一桂畫否。予問何等畫，曰有御題山水大軸，予以為必不可靠，乃卻之。至晚，另一友人約往觀畫，到則此軸竟在，確是真跡，見畫得甚好，為清宮原裝，予丞購之。次日瀕行，有告之曰故宮博物院另有一軸相同，且早已影印在《故宮書畫集》中，此軸在此無人敢收，乃君竟納之，得無謬乎。予乃詳詰其來處。曰勝利後，某將軍得自東北歸遺某夫人，後見故宮有另一軸，大小畫意款字圖章俱同，乃以贈一友人，該人亦以為此乃偽作也，求售甚久矣。時予已不及赴故宮求觀另一軸，持歸香江，丞赴香港大學圖書館覓《故宮書畫集》，於第五集得觀該件，乃影印而歸，再查《歷代著錄畫目》，則知《石渠寶笈》曾載有鄒一桂之《太古雲嵐》二件，一在乾清宮，一在御書房，現存故宮博物

院乃御書房者，予所得者有「乾清宮鑒藏寶」一印，並於軸外籤條上有「乾清宮」及「排雲殿」兩黃紙小籤，蓋慈禧太后於頤和園完成後，選宮中畫之尤者以裝飾之，此畫乃移存排雲殿，及宣統出宮，又攜去至東北也。去夏予再去台北，赴故宮博物院參觀，陳列中適有該畫，乃得詳觀原作。二畫最大之分別為題跋，其次不同為紙張，予軸以米色鏡面箋三張半拼成，而另軸用白宣紙一大片。

予軸有乾隆御題，該軸則由汪由敦抄錄御詩及鄒一桂和詩一首，乾隆詩中末一句為「王洽潑墨應齊縱」(《石渠寶笈》亦曰)，汪由敦則書為「嘉陵道子應齊縱」，此是山水畫似不宜引用吳道子，因吳乃人物畫祖師也。予歸後細審予軸，發覺「王洽潑墨」四字經刮去原字後重書者，方悟乾隆既題詩，後覺引用不倫，乃改四字，而汪題竟未奉旨改正，其他僅藏印及查稽有出入耳。

當時蓋鄒一桂作二軸請乾隆選擇，乾隆較喜予軸，乃親筆

王南屏手稿‧鄒一桂軸

題之，二軸分別存掛二處，亦俱載入《石渠寶笈》。後予軸為溥儀攜去東北，故故宮影印存軸，今人不察，幾使名畫蒙冤。鄒一桂所作以花卉為多，詎山水亦頗出色，予因此畫久掛有折裂及污損處，乃重加裝裱，但仍用原裝綾軸，外籤亦原樣，一存舊觀也。此又誤會之一。

近考《御製詩集》，二集卷三十二錄壬申年《題鄒一桂盤山圖》詩，亦作「王洽潑墨」，所以相信父親的分析和解釋是正確的。

一般宮廷畫非父所好，收入也不久存，一例是張若藹《臨北宋李迪荔子圖卷》，《石渠寶笈初編》有錄，由 1982 年東京大學鈴木敬所編《中國繪畫綜合圖目》知道他曾收藏，我在 1983－1984 年兩度回港，見到不少新藏品，此卷不在其中，想當時或已出手，1985 年鳳凰城藝術博物館舉辦《乾隆時代畫展》曾展出，圖目中照片不見有他的收藏印。

父親卒前還有另兩件清宮舊藏，因鳳凰城借展而鈐了印，近年才注意到他選了罕用的「王南屏鑒藏」印，不鈐「珍藏」或「玉齋」，因而想到他可能不大喜歡，也或察覺有疑點尚待考證。其中一件是董邦達《摹馬遠瀟湘八景圖卷》，作於乾隆十一年，在《石渠初編》成書後一年，所以《石渠重編·寧壽宮》方為著錄。由藏印可知父得卷於吳普心，清宮散出後經麓雲樓汪士元（1873－約 1935）及李國松（號槃齋，1878－1949）手。馬遠原作錄於《石渠初編》卷六，為「素絹本，淡著色畫」，後有多元人跋，包括：

孫應龍跋云：「《瀟湘八景圖》始自宋迪，南渡後諸名手遂更相彷彿，此卷乃淳熙間馬遠所畫，觀之令人有懷楚之思。」

宋迪《八景圖》在《宣和畫譜》有錄，南宋各家當隨意發揮，馬遠本是其中之一，今已下落不明，董邦達畫筆從南宗，自與馬遠有別，改用紙寫淡色摹本，但既自識「奉勅恭摹」，當保存了原作構圖，由董卷仍可看到馬遠風格，以簡勝繁，運用空間表達意境，每景有乾隆題詩，可見甚感滿意。馬遠本雖在《石渠初編》錄為上等，其實也有疑問，因為朱德潤（1294—1365）《存復齋集》卷七錄〈跋馬遠畫瀟湘八景〉，文字與清宮本後孫應龍跋幾乎全同：

《瀟湘八景圖》始自宋文臣宋迪，南渡後諸名手遂更相彷彿，此卷乃淳熙間院工馬遠所作，觀其筆意清曠，煙波浩渺，使人有懷楚之思。

朱集生前已自輯，俞焯為序於至正九年（1349），曾孫夏重編，內容相當可靠，厲鶚（1692—1752）《南宋院畫錄》亦重錄此跋，若清宮本中孫跋為偽託，其前的馬遠本當亦有疑。董邦達摹本曾經李國松手，王石谷《載竹圖》在李藏後就出現了雙胞，董卷並未見有他本出現，亦未察有其他問題，故仍相信為真跡。

鳳凰城借展的另一卷是余省《臨劉永年花卉翎毛卷》，作於乾隆六年（1741）五月，但至1816年《石渠三編·御書房》

方見錄。近年在拍賣場出現另一本《仿劉永年茶竹雀兔卷》，作於乾隆七年（1742）春，為《石渠初編・卷六》所著錄，原貯乾清宮。二卷畫題不同，一稱臨而一稱仿，構圖也不同，但款識皆謂「臨」：「臣余省奉勅恭臨劉永年筆。」所以考查比對了一下。劉永年原本《石渠初編・卷三四》有錄：「《宋劉永年花陰玉兔圖》一卷，次等，月一。」貯御書房，今仍存台北故宮，定為次等的原因不難明白，一些幼枝不用宋人雙鈎法而用墨筆如文人畫，而且是紙本畫，不是宋人習慣，後題有趙孟頫款，書法並不似，但前有乾隆一題，落「寶親王長春居士」款，是廿五歲登基前兩年所用，登基後貯卷在御書房，可信當時頗喜此卷，但未能識辨真偽。《石渠》始編在乾隆八年（1743），余省兩本在其前一二年，都改用了絹，也許乾隆當時已明白劉本不妥，登基後六年命余省以絹重摹一本，但用絹新而缺乏古意，細枝仍用墨筆，花葉鳥兔均感呆滯如匠工之作，效果不佳。翌年再命余省用舊絹重新構圖另作一仿本，全用宋人雙鈎法，效果較理想，所以《石渠初編》只錄此仿本，臨本在《初編》及《重編》均不錄，但仍存在御書房，至乾隆卒後廿年，英和主輯《三編》才錄入，但胡敬（1769－1845）在書成後又將《石渠寶笈》內院畫集輯為《清朝院畫錄》，只錄仿本而略去臨本，相信並非疏漏。

由父親對鄒一桂軸的考證，余省卷的問題是一定注意到的，因為《歷代著錄畫目》《故宮書畫集》《石渠初編》等書一查紀年不對就必生疑，畫也達不到余省的正常水平，為再複製雙胞也有可能的。近年拍賣的一本可信即《初編》所錄，但卷末畫意截斷而款字也不妥，估計原作被割分為二，前段補上了

偽款，後段尚未見出現。由此也明白父親鈐印審慎，書畫收入時當機立斷，入門後再細考，未到出手時不作定論，因展出而鈐「鑒藏」印亦不表示真偽優劣，這種客觀而謙虛的態度是收藏家中罕見的。

在《乾隆時代畫展》中還有另兩件他的舊藏：其一是羅聘《蜘蛛圖》扇頁，為七十年代入門藏品，但在 1979 年已捐贈或售予耶魯大學；另一為袁耀十開《山水冊》，在紐約拍賣會購入不久決定赴美施手術，為籌備費用而速售予鳳凰城博物館，可能是他生前最後收購的一件佳作，也是最後出手的一件。他在去世前借出了董、余二卷參展，可惜到展覽會開幕時已辭世，無緣出席了。

父親去世後由國內出境的舊藏中也有一件董其昌《右丞詩意山水軸》，為《石渠初編》入錄的次等作品，原貯御書房。下角有「獻縣紀氏珍藏」印，此印在一些平庸作品有見，近見有人臆測為紀昀（1724－1805）藏印，其實紀姓為河北獻縣大族，分景城與崔爾莊二支，紀昀纂《景城紀氏家譜》十八卷，任何族人都可刻此印。就此軸而言，上有「嘉慶御覽之寶」璽，嘉慶即位時（1796 年）三十七歲，紀昀已是七十三歲的前朝元老，任兵部尚書，至卒一直官居一品，若嘉慶賞賜，該不至於選一次等作品，而且紀昀也當題識謝恩，鈐印該用臣字，所以「獻縣紀氏珍藏」印相信另有其人。另一藏印「正闇審定」為端方幕僚鄧邦述（1868－1939），所以此軸可能為端方掠取出宮而再轉贈下屬，此軸在《玉齋展覽》亦展出，是可作「真贋自別」研究的作品。

在出境舊藏中還有一徐揚《久安（九鵪）圖卷》，乾隆五

璽全而無殿座印及嘉慶印，亦不見《石渠》著錄。此圖紀年癸巳（1773），在《初編》成書後，若緣用鈐印規則，臣工作品只屬次等，應鈐二璽加貯藏殿座印，若按《重編》則鈐八璽加殿座印，若按《三編》則應有嘉慶印，看圖中湖石鈎邊多所覆筆，徐揚技巧若平庸如是，又豈能寫出《乾隆南巡圖》十二卷、《姑蘇繁華圖》等鉅製呢？在《玉齋圖目》中附錄一徐揚設色山水扇頁，無任何宮印，卻是一精細佳作，足證清宮藏印和著錄都不是可以信賴的賞鑒標準，反而要特別當心提防，因為藝術品市場不離供求經濟原理，清宮藏品固然有高下真偽，散出者為市場渴求，做偽情況自必更夥。

近見《久安圖》出現在一盜版文章用作插圖，文章題為《玉齋先生的中國書畫收藏》，作者為傅申，其實內容節錄翻譯傅先生二十年前在《玉齋圖目》中一文，原題為《玉齋藏中國法書》，節錄了文首一段憶述與父親昔年交往，與插圖全無關係。《久安圖》為父所不重，家人皆知，分產時姊姊取去，在1988年售予耶魯大學，交易與父親無關。中國藝術品近年市場暴升，圖求名利與推銷商品手段數之不盡，「掛羊頭賣狗肉」「魚目混珠」等等，是歷代常用的江湖伎倆，古代書畫今見十無一真，也是千百年來屢積所成。盜版文章選用此圖，有如為父藏中珍品，幕後情況不足深究，但有損父親名譽，是需要澄清的。

　　乾隆五璽全的上等作品若不見《石渠》著錄，正常原因是在著錄前已賜賞朝臣出宮，但乾隆好詩，所以先題詩再賜贈以表示親切，受贈者也當領賞謝恩。1983年春我一家三口回港探親，父親新收入文徵明《贈段紫峰論畫山水圖軸》不久，這是《紅袖高樓圖》入門廿五年後首次得獲的文徵明山水，上有乾隆御題而五璽全，所以非常高興，特意由中大文物館取回家給我看，當時印象就很好。一幅墨筆畫濃淡枯潤變化很有立體感，山石嶙峋硬朗，略有西方碳筆畫之感，文徵明和乾隆題詩書法甚佳，藏印累累，裱邊左下貼一紙，知為劉墉謝賞。當年只知文徵明是明朝，乾隆是清朝，不識劉墉為何人，《石渠寶笈》之名有聞，但也不知鈐印有規矩。父親去世後就選了此軸保存留念，近年才有暇考查細節，了解來龍去脈。

　　圖左上角文徵明自題也七絕並識，把創作情境作了非常明確的交代：

　　　　吮筆含毫漫寫山，山形矗矗水潺潺，知君自有真丘壑，不在區區水墨間。
　　　　紫峰過余論畫，戲為寫此，並識短句。徵明。

　　紫峰其人在姜紹書《無聲詩史》中有簡介：「段衙，號紫峰，又號匡廬山人，武進人，主事金之弟，曾受知於文徵仲太史，山水與文相肖，尤工扇頭小景⋯不惟精繪事，亦能詩。」所以這是文徵明在為學生段衙講授畫理後即興之作，說明隨意「漫寫」，不作細筆雕琢，令人直覺到行筆爽朗流暢，表達山石之剛硬和流水之柔和，再以山水寓意君子剛柔並濟之道，堅守

氣節是剛，待人寬容是柔。此詩雖未錄入《甫田集》，但也只有文徵明這等人大家才能隨手二十八字就交代了即興情況，寫出畫中景物，還表達了人生哲理。

乾隆的和詩就不能達到文徵明的境界，《御製詩集》四集卷十五著錄了〈題文徵明山水，即用其韻〉：

> 山因樹迴樹依山，虛處還飛瀑水潺。著個草堂特幽絕，客來徒望石橋間。

僅僅描述了圖中景物。題詩紀年「癸巳（1773 年）仲夏上澣（五月十日）」，《詩集》同卷亦記是年五六月所作，所以詩題和時間可確定此圖曾為清宮所藏，《石渠初編》不錄即入藏在 1745 年書成後。出宮則有劉墉（1719—1804）題識為證：「乾隆丁酉歲（1777）四月六日，重華宮茶宴，蒙恩頒賜。臣劉墉敬識。」所以 1793 年《石渠重編》亦不見錄。圖左下角有「雲莊」藏印，相信是阮元（1764—1849）從弟阮定（1826—1892），後為龐元濟庋藏。1909 年《虛齋名畫錄》卷八記載，所以此軸在出宮後也有明確流傳記錄，其前另有三藏印：「瑯琊王氏家藏」「張紫宇圖書記」「瑯琊文房清玩」。瑯琊王氏為大族，歷代名人輩出，如明季王世貞、世懋兄弟，清初王士禎等皆屬，正如「獻縣紀氏」印不代表紀昀，「瑯琊王氏」印也不足推測舊藏者何人。

在虛齋著錄後，狄平子在民國早期選此圖刊入《中國名畫》四十集之六。1940 年《名筆集勝》五冊選輯虛齋精品八十軸，此圖刊載第一冊，編者云：「此幀全重筆趣，不事渲染而

氣格充和，神采秀逸，堪稱文畫之範。」其後張珩在 1960 年亦選錄入《木雁齋筆記‧畫一》，父藏後謝稚柳在訪港時為題籤，所以近代賞鑒大家對此圖的評價是全無異議的，可惜因特殊情況未能在《玉齋展覽》展出。

　　1991 年我代表母親及兄弟與耶魯大學訂約舉辦《玉齋展覽》，家人在五年內不得出售展品，翌年夏因展覽保險之要，請拍賣行專家作了大略估價，隨後兄弟有急需，要求代為出售他們份內的書畫，但不參展的作品價值有限，無法應付二兄弟需求，《紫峰論畫圖》是估價最高者而展覽中文徵明已有《紅袖高樓圖》及《仿梅道人山水圖》，所以取出不展，與幾件其他作品在 1993 年 6 月紐約拍賣，總算解決了兄弟的難題。豈料次年又遇同樣情況，但不展的作品已無可出售，我的一份中還有沈周《竹林送暑圖軸》及王武十開《花卉冊》兩件可出手，前者為梁清標舊藏，後者為中學時期父親收入，《明清書畫選集》有刊載，我選了保存留念，但常記着父親以子女為重，也不知出售了多少佳作，兄弟既然有需要，自己無甚欣賞能力，放棄一些紀念品相助，父親在天之靈當不會罪怪，所以馬上委託拍賣，數月後售出，就應兄長所需予款解困。2011 年沈周軸重現拍賣場，十七年間市場暴漲，升值約三十倍，昔年同場拍賣又售出王翬《古木清流圖卷》，後因買方逾期不付款而取回，得以保存不失，如塞翁失馬，誠屬僥倖。此卷在清末民初經支恆榮（光緒三年進士）、楊士聰（1913 年眾議院議員）遞藏，吳湖帆題謂「余所見所收石谷真跡不下數十計，而精妙玲瓏如此卷亦不易見也」，是父藏石谷作品中之佳作。2004 年拍賣後，翌年母親再在北京拍賣一些父藏古籍，售去宋版孤本《文

苑英華》一冊十卷，創下當年古籍價格記錄，隨後又售去明版楊維楨《鐵崖先生古樂府》四冊，為成化五年劉孝刻本，曾經黃易、高士奇、孫源湘等大家遞藏，2015 年入選為嘉德公司「百期嘉品」歷年百件重要拍品之一。至 1996 年秋，玉齋展品禁售期滿，母親再在香港拍賣了部分古代書畫。

乾隆御題文徵明《贈段紫峰論畫山水圖軸》

宋版《文苑英華》

就讀中大的最後一年我在崇基書院寄宿，每周末回家一二天，某周末聞父獲宋版書《文苑英華》一冊，極為難得，是國寶級東西云，我從未見他收藏古籍，不解何以忽購一部書，周末來去匆匆，未及一見。後來問及，云中大圖書館已借去複製限量版，作為十周年校慶紀念活動之一，於 1974 年離港後始聞書已出版，為中大圖書館叢書刊物第二種。又聞購入明版書，不憶為何物。父卒後十年，因兄弟在《玉齋展覽》期間要求出售份下書畫，母親決定出售《文苑英華》，在 1995 年嘉德秋季拍賣創古籍善本高價，乃無緣一見，近年才由拍賣資料了解此書來歷及可貴之處。當時母親得款甚喜，隨即把其餘古籍也拍賣出手，查 1996 年嘉德春拍有楊維楨著吳復類編《鐵崖先生古樂府》，相信為其一，因二書皆有「祁陽陳澄中藏書記」印，為藏書大家郇齋陳清華（1894－1978）物。

《文苑英華》是後繼《昭明文選》的詩文總集。《文選》收錄南朝蕭梁以前千年詩文，《文苑》彙編南梁至五代四百多年間近二萬篇作品，為北宋「四大部書」之一，現存最早刻本為南宋周必大所重校修訂，僅餘殘帙，原書一千卷分為一百冊，每冊十卷，父親所藏為第廿一冊，含卷二百零一至二百一十。冊首有庚午年（1930）七月傅增湘（1872－1949）長題，解釋此冊原屬清宮所藏殘帙十四冊之一，有南宋內府「御府圖書」「內殿文璽」「緝熙殿書籍之印」等印，又明代「晉府書畫之印」「敬懿堂章」「子子孫孫永寶用」等印。宣統三年（1911）清查內閣藏書，移交學部僅十冊，另四冊外流，為友人「潁川君」所得，其人自存一本，贈傅氏一本，另一歸藏書家周叔弢（1891－1984），又一本原損三葉半歸文友堂書肆店東魏經腴，

但補入字畫如天衣無縫，得傅氏為題，此即父所獲一冊。書首有「祈陽陳澄中藏書記」印，可知此冊由魏肆出售，轉歸陳清華（1894—1978），周、陳皆大藏書家，並稱「南陳北周」，陳氏後來移居香港，藏書為周恩來總理關注，在 1955 及 1965 年國家收購了兩批，「文革」開始後收購中斷，其餘藏書仍留在香港，1973 年陳氏仍在生，父親是否直接購入則不詳。

1930 年傅題中友人「潁川君」身份神祕，但父親日後所得《龍舒本王文公文集》當年亦在其手，是年傅氏與商務印書館董事長張元濟（1867—1959，字筱齋，號菊生）商討影印刊行，往來書信在《張元濟傅增湘論書尺牘》及《張元濟全集》卷三有載。民國十九年八月十八日張函致傅：「……《王文公集》有潁川君藏宋刻殘本，可以補寮本（日本東京宮內省圖書寮藏本）之缺。是書殆為人間孤本，弟極願為商館印行。潁川君未知何人？吾兄能否代商，以目錄及後三十卷借我？應如何酬報？」八月廿六日傅覆：「《王文公集》殘本即在大字本歐集人家……潁川君亦頗有居奇之意，恐未易就緒也。」九月五日張函：「《王文公集》殘刻，寮本借印殊不難。所慮者，借到之後而潁川君所有仍借不到，則印此大部殘本之書，殊不值得。未知潁川君希望至何程度？」十月八日張又函：「《王文公集》主人既甚珍祕，不必勉強，姑俟時機可耳。」同日傅函致張：「《王文公集》已與其甥言之……恐其願望過奢，又有祕畏人知之意，恐難以就緒耳。此人新來函，言將北來。或面與之談，較融洽，且可力破其迷懼之念耳。」由這些通信可知「潁川君」因「有祕畏人知」而隱藏身份，傅增湘對張元濟亦不明言，最後面談結果信中當不再討論。

一般以為「潁川」乃劉啟瑞（1878－？），江蘇寶應人，光緒三十九年（1904）進士，官內閣中書、內閣侍讀學士，《王文公文集》與《文苑英華》殘本原藏清宮，相信皆為其所竊取祕藏。按〈傅熹年整理《藏園日記鈔》摘錄〉一文（《文獻》2004 年第 2 期），傅增湘於庚申年（1920）五月廿五日訪劉啟瑞於寶應，錄所見藏書中有《王文公文集》七十六卷及目錄二卷，共十六冊，又《文苑英華》十卷一冊，記云「大抵皆內庫流出之書」，並以四千元購易其所藏宋書數帙，其一為《歐陽文忠公居士集》九冊。隨後五月卅日在南京見張元濟，日記云：「（張）菊生來談，以所得各書示之，驚為大獲。」十年後張詢：「潁川君未知何人？」傅答曰：「《王文公集》殘本即在大字本歐集人家。」《歐集》當指歐陽修《居士集》，即兜圈子說明「潁川」實乃劉啟瑞，但劉別字翰臣，號韓齋，傅卻全不用。劉於宣統元年（1909）受張之洞委派與曹元忠等人整理清宮內庫檔案書籍，1911 年「移交學部」所缺珍貴書籍九年後皆在其手上，傅增湘當時在自己日記中以字「翰臣」稱，但 1930 年題《文苑英華》則一再用「潁川」化名，代為隱瞞身份，以致張亦「未知何人」，書中劉氏不鈐印記，交由魏經腴書肆轉售，無跡可循，傅題云周叔弢已得其一，陳澄中也就不能不買了。月後傅增湘為《王集》與張元濟通信續用此名，《藏園群書經眼錄》中記「余故人潁川君居江淮之交，家藏《王文公文集》」，不言其真姓名，以「江淮之交」代表寶應，由此估計，當時劉氏一批善本出手，因「祕畏人知」其來源，乃以書贈傅，賺其守祕並相助，除贈《文苑》一冊外，尚有宋紹興本《臨川先生文集》殘卷及宋本《纂圖互註荀子》殘本，其後魏

經腴本《文苑》得傅題，《王集》又得傅為聯絡，當有幕後原因，二書散出後逾四十年同為父所獲也是緣分，可惜未能同時回國。

傅增湘題《文苑》所述殘本十四冊中之十三今已歸北京國家圖書館，父藏一冊在 1995 年北京拍賣，過其門而不入，聞為海外買家所獲，據後來報道，台北中央研究院尚有一冊，即共十五冊存世。

龍舒本《王文公文集》

二十世紀七十年代入門藏品中最重要者當首數龍舒本《王文公全集》（簡稱《王集》），從其上「蔣祖詒讀書記」「思學齋」「南通吳氏收藏書印」，可知曾為蔣穀蓀、吳普心收藏。得集時我已在芝大，記憶中是父親來訪時初聞其事，在 1976－1979年間，時蔣氏已去世，所以《王集》即使不直接得於吳氏亦必得其指引，促成了日後同歸上博美事。書中又有「寶應劉氏食德齋藏書之記」及「寶應劉啟瑞祕笈之記」等印，所以即 1920年傅增湘訪劉啟瑞時所見，其後在 1930 年又與張元濟洽商刊行全集，從通信內容及其他跡象，劉氏當時已有意出手，據鄭重《遺愿》文所錄全國書畫巡迴鑒定組專家報告，《王集》在「四十年代後期歸孫靜安」，未悉此說緣由，蔣氏傳書堂乃藏書世家，可信後來為其納入，再轉入思學齋，至七十年代為父所獲。2003 年為上博向美國古董商安思遠（Robert Ellsworth）購回北宋祖本《淳化閣帖》四卷，亦蔣吳舊藏，當時斥資 450萬美元，視為天價，引發不少爭論，若《王集》未為父購入，當亦流散海外，未必能回國土。

王安石詩文總集在宋代共有四種版本，最早一種在北宋末期由門人薛昂奉詔編校，南渡後曾孫王珏於紹興廿一年（1151）重編《臨川王先生文集》，後稱為《杭州本》，序云薛本「後罹兵火，是書不存」，此前紹興十年（1140）詹大和已編《臨川集》，後稱《臨川本》，為王珏採用作底本，序云「比年龍舒版行，尚循舊本」，所以其前還有刊行於龍舒郡的《王文公文集》。龍舒即今安徽舒城一帶，王安石曾任舒州通判，後受封舒王，相信當地人為刊刻《文集》紀念，但編者不詳。《臨川本》與《杭州本》在元明間散佚，又再重新編校，書名亦數

改，後世通行者為明代嘉靖（1522—1566）以後版本。

《龍舒本》是現存唯一宋版，共一百卷，僅存二殘帙，日本內府藏卷一至七十，劉啟瑞本按傅增湘（1872—1949）《藏園群書經眼錄》卷十三記「此本目錄完全……缺四至六（相信實為四至七）、三十七至四十七、六十一至六十九，共缺二十四卷」，即共七十六卷，外加目錄二卷。全國書畫巡迴鑒定組專家報告亦錄：「現存七十六卷，為卷一至三、八至三十六、四十八至六十、七十至一百，另有目錄二卷，全書裝為十六冊，蝴蝶裝。」惟上博受贈僅得十五冊，一冊下落不明，所以今存七十二卷（1—3，8—16，21—36，48—60，70—100），另目錄二卷，缺一冊為卷十七至二十，不詳何去。

此帙更可貴是大多用舊公文紙背刊印，九百四十一葉中有七百八十六葉正面為宋人簡札官牘，包括向沔、葉義向、洪适、李若川、張運、呂廣問等六十二人書札三百餘通，其中尤以向沔往來函札最多。向沔字荊父，開封人，在紹興三十二年（1162）以右朝奉大夫權知舒州主管學事，可信為這批公文紙的原主。紙上又有紹興三十二年至隆興元年間（1162—1163）公牘五十餘件，所以這《龍舒本》蘊含了時、地、人三方面史料、王安石詩文資料、宋書風格藝術。珍貴之處傅增湘《經眼錄》有言：

> 余以為視此可貴者有三：原書楮墨精湛，且紙背皆宋人交承啓札，筆墨雅麗，真可反覆把玩，此可貴者一也。寮本無序目，於是談者妄生揣測，以為即真賞齋（明嘉靖時人華夏）之一百六十卷本而佚其半者。此本目錄完

全，仍為一百卷，不過次第與紹興本異耳。而積疑賴此盡釋，此可貴者二也。寮本缺七十以下各卷，而七十卷以下完然具存，正可補寮本之缺。且必有佚文出羅鈔之外者，此可貴者三也。

1930 年傅增湘與張元濟欲湊合二殘本刊行全集，雖未成事，「面談」就是付款把劉藏本攝像，存於北京故宮，原帙則另行出手，經孫、蔣、吳等人收藏而終入父手。1962 年中華書局以舊影像為基礎，缺卷以東京本照片補足，刊行了《王文公文集》。集前趙萬里（1905－1980）序記：「龍舒本《王文公文集》，宋以後未見翻版，傳本幾絕。一九五九年中華書局上海編輯所根據徐森玉（1881－1971）先生倡議，先將傅沅叔先生生前從國內藏本拍攝的玻璃片製版影印，尚缺二十四卷，恰巧北京圖書館從日本東洋文庫得到前七十卷影片，中華書局上海編輯所因向北京圖書館轉借補印，延津劍合。」也就在文集出版之際，故宮上博皆想到追查原書下落，同年張珩見錄了《楞嚴經旨要卷》，父親迅即購入，再十多年後獲《王集》原書，至 1985 年同歸上博，超出了前館長的期望。五十多年間峰迴路轉，一書一卷同聚父手，所以他很相信緣分，這也是他不介懷得失的原因。

回歸後《王集》拆成散葉，分置於盒，1990 年影印出版《宋人佚簡》，全書分為五卷，一至四卷為宋人書簡三百餘通，分名宦、將士、文人、學者四部，涉及六十二人；第五卷為公牘，包括官文書和酒務賬。內容涉及政治、經濟、軍事及書儀和公文程式等。〈編後記〉云：「內容之豐富和可貴，無異打開

了一座宋代文化遺藏的寶庫。」李偉國〈紹興末隆興初舒州酒務公文研究〉一文稱「從文獻角度說，如公牘之類的實物，未經任何刪汰概括加工，比方志、會要、法典、編年史、雜史、正史等原始得多」，「即使片紙隻字，亦被珍同球璧」。孫繼民等在《南宋舒州公牘佚簡整理與研究》一書，序云：《宋人佚簡》反映了不少南宋時期地方官府機構設置和行政管理制度，補充了許多宋代財政、稅收政策的新材料，保留了南宋初年江淮地區戰備狀況的細節材料，還是宋代文書制度的重要材料，有助於宋史研究的深入。

　　歷年來這寶庫的確引發不少學術研究和著作，正如周廣學早在 1991 年《古代的公牘紙印書》文指出，《宋人佚簡》正面是「宋代文獻」，背面是「珍本古籍」，「兩者均係稀世之品，可譽為國寶」。

在得王安石一卷一書後，父親作了一項研究，解決了一個七百年未為人發現的問題，弄清楚書寫的時地人背景。1984年時他開始計劃撰書，所以記錄在遺稿中：

余既得王荊公手書《楞嚴經旨要卷》，乃檢查作者年份及與題跋者之各種關係。一日忽查得劉恕係卒於元豐元年，而荊公作此卷在元豐八年，似有問題，然而書經之時未必便是道原假經之同時，可能早已假經，因荊公子雱卒於熙寧九年七月，至十年十月罷相，雙重打擊，心境必劣，其時或有寫經為懺之意，然而荊公自題云「余歸鍾山，道原假楞嚴本，手自校正，刻之寺中，時元豐八年四月十一日」，似乎歸鍾山在前，假經在後，然後校正手書卷刻石為元豐八年之事，其時間距離應該不遠，且後跋有牟獻之為南宋末人，跋語有云「元豐八年四月竟罷政而歸，書經乃其時也，繼遂為元祐矣，假本道原即劉祕丞恕也」，確定寫經之時間及道原為劉恕，余頗置疑，而無反證，後查劉恕事跡，發現劉恕政見與荊公頗不合，是為司馬溫公一黨，宜無私交可言，如是存疑者數年。及得宋版龍舒本《王文公集》，忽發現集中有贈道原之作甚多，計四十五卷有〈同沈道原遊八功德水〉，四十八卷〈對茶與道原至草堂寺〉，五十七卷〈送道原至永慶院〉，六十四卷〈與道原步至景德寺〉，六十五卷〈與道原遊西庵二首〉，六十九卷〈示道原〉，七十七卷〈對茶堂道原〉，七十九卷〈江口送道原〉，而四十五卷之一首先已寫明為沈道原，則以後諸作品必為送沈道原無疑，至此恍然，所謂道原者實

非劉恕，另有其人。乃查《宋人傳記資料索引》，有沈季長字道原，吳興人，徙家真州（江蘇儀真），少荊公六歲，在南京國子監任教授、直講、大理寺丞、天章閣侍講等職，故與荊公歸鍾山後時相過從，至元豐七年荊公捨半山所居為報寧寺，沈道原假楞嚴本與荊公校正刻之寺中，其即報寧寺無疑，而與元豐八年四月之時間亦吻合。而《王文公集》七十九卷〈江口送道原〉一首為最後送道原之作，其時應為元豐八年，因其時沈道原以事謫朝章郎權遣發秀州（浙江嘉興），荊公送之，次年為元祐，四月六日荊公病卒。再次年沈道原亦病卒矣，至此前後各問題都得清楚解決，亦因之發覺昔人下筆往往不慎，如牟獻之距荊公僅二百年，一時不察，強說道原即劉恕，而七百年來此卷屢經名家收藏，竟未有人指出其誤，亦可歎矣。亦因此知鑒定之道，鉅細不遺，更不能輕信前人所言，必也覆核詳考無誤而後可，千載之下，考訂明白，荊公與兩道原亦當莞爾九泉矣。

自懂人事起就知道父親酷愛古代書畫，雖然好奇，但小孩子不問大人事是舊日家庭規矩，要問也不知道從何問起。還記得初中時有一次他掛起的一幅山水畫，畫家姓王但名是一個未見過的字，問他是什麼字，他說是翬字，音同輝，王翬就是王石谷，我就問他王石谷是什麼人，他說是康熙時的畫家，我還得再問他康熙是哪一朝代、公元、世紀等等，因為當時學校裏中國歷史一科還只講到隋唐，問他可有唐朝的東西，他說沒有，宋元也極少，一般只能收到明清的作品，我當時就心想過三年讀過了一點明清史時再問罷。但到中學後期只顧着畢業會考、大學入學試等等，其後走上了科學途徑，先在香港中文大學主修物理，再到美國芝加哥大學讀博士，一直從事科學研究三十多年，又在麻州大學物理系任教近二十年，不但遠離了中國文化領域，連中文字也差點不會寫了，除了見過家中牆上掛過的作品和認得一些書畫家名字外，可說對父親的收藏一竅不通。直到五年前辭退了教職才重新拾起少時的好奇心，但父親早在 1985 年已辭世，不能再向他請教了，幸而手上仍保存了一部分他遺留下的藏品、書籍和多年前的書信，還有一些他在1982 年應香港敏求精舍和求知集團邀請講述書畫收藏與鑒定時的手稿、加上自己的回憶和重新蒐集的資料，許多在腦袋裏擱置了幾十年的問題也逐漸弄清楚，不但不再感到莫測高深，反而覺得研究中國書畫的學習和思考方法與西方科學有很多共通的地方，都要綜合前人經驗與親身觀察作分析比較，偶有所悟就好像與先人對話，增加了對父親的了解。

近十年來，中國文物市場飛漲，即使對書畫沒有真正興趣的人也會因圖利機會而投入。父親身前是香港知名書畫鑒藏

家，以目力過人稱著，所以曾經他所收藏的作品受到相當重視，但他在新中國成立前已由上海移居香港從商，國內對他的認識不深，屢見拍賣圖目中誤傳他原籍江蘇崑山，也有說是蘇州人，晚年移居美國，等等。其實他是常州人，生平常用一枚「武進王氏」印章，少年時隨祖父王有林移居上海，青年時到香港創業，中晚年雖常到美國探望兒女短住，至卒仍定居香港。2003 年鄭重著《海上收藏世家》一書中有一章題為〈王南屏的遺願：送「王安石」回家〉，介紹了父親去世前後安排王安石兩件國寶級文物回歸的事情，但其實經他在香港安排歸國的國寶為數不少，早已入藏北京故宮博物院和上海博物館，王安石不過是最後兩件罷了。

1994 年家人贊助美國耶魯大學藝術博物館舉辦《玉齋珍藏明清書畫展覽》，展品全屬當時尚存國外的明清作品，包括了原在香港的和 1985 年國家批准由上海放行到香港的作品，當時家人間對早已回歸的重要文物所知甚少，展覽時出版《玉齋珍藏明清書畫精選》圖目一書，得幾位海外著名學者撰文介紹父親生平及收藏，包括屈志仁先生、武培聖先生、班宗華、高居翰、李鑄晉、周汝式、傅申等幾位教授，但他們與父親交往在他四十歲後，對他早年收藏並不完全了解，且書在美國出版，以英文為主，中國讀者見到的不多，所以近年在國內網頁和各種拍賣宣傳中常見到一些以訛傳訛的資料。

有這各種原因，所以想到重寫一篇文章作較為完整的介紹，希望對「玉齋王南屏」有興趣的讀者會對先父的生平、收藏經歷和品味有多一層的認識。

附

錄

蘇
武
牧
羊

論收藏

收藏似乎只是個人的事情，實在對保存文物，發揚國粹有很大的意義，因此我對有興趣收藏的人不管他的目的為何，我都十分敬重，因為多一個人加入收藏的行列，就加一分保護文物的力量，只有集眾人的力量和才能，方能做好這種有意義的工作，收藏的人雖然遍及各階層，但大致上只有三種，第一是文人學者，有高度的修養及對文物有深切的嗜好，並且有研究的精神，他們所收藏的文物一定是他自己精神貫注加以研究，要求徹底了解的東西，因之時常會傾囊去買一件喜愛的文物，甚至不惜舉債去買，其時他決不是為了名，更不是為了利，只是一種強烈的喜愛，想保存維護它，因此見有殘損之處就會加以好好修補及裝潢，不厭的面對着欣賞，同時加以詳細的闡發，寫下心得，遺惠後人，並且公開給同好的人，共同研究及欣賞，這是真正達到了收藏的目的及發揮了收藏的作用，藏家不負此生，藏物亦能盡其用，非特相得益彰，實為人生樂事。

其次是富商巨賈，積有資財，思有以陶冶心情，更有保存文物的善意，或為了裝飾陳列，乃陸續收藏，一部分人的確做到虛心研究，取精用宏的境界，但另一部分人毫無主見，自己無時間去用心研究，只受人慫恿，好奇鬥勝，因此收藏的量雖與日俱增，但質則良莠不齊，甚至相差懸殊，又或其人剛愎自用，不能吸收意見，只以個人喜愛為準，或又有貪便宜的習

---

① 父親死後，母親把他遺下的鑒畫手稿影印了分派給各子女們，我把我得的一份抄錄了，茲載如下。

慣，如此則藏品的標準自然降低了很多，極難買到像樣的東西了，這一類人最多。

第三類是投資者，這是一種新興的藏家，他們收藏的目的，既不是研究，也不是欣賞，完全商業性，這在以前是只有古董店及經紀才投資，但到了商業社會發達的今日世界，這種投資已經為經濟專家所介紹，古物收藏已成為世界性的投資對象，因為只有古物是永遠看漲，不會跟隨貨幣貶值的，而所有的物資是會生產，只有古物是有減無增的，皆因天災及人禍使古物一代代的損毀減少。

收與藏是二件事，一些人有法收無力藏，一些人又有力藏但無法收，當你確定了你的收藏目的之後，就要研究一下收與藏的方法了，有人以為收藏只是財力的問題，有錢就能成藏家，在表面上聽來這很簡單，事實就並不如此。幾十年來從國內到國外，我見到許多有錢的人，收藏了很多書畫，但是內容就蕪雜不堪，能夠有三成真的已不容易，更不要說真精新俱備的名家作品了，我曾深切的檢討了他們何以致此的原故，再回想昔年在上海幾個著名經營古物者的意見，綜合來說，是收的方法及態度問題，我開始收藏時很年輕，對於書畫所知實在很少，因為夤緣得到葉譽老的幫助，一開始就收到了宋米友仁的《瀟湘奇觀圖卷》，一時上海經營書畫的巨擘如孫伯淵（集寶齋）、錢鏡塘（六瑩堂）輩，都刮目相看，因為我年輕又不懂，所以常常虛心的請教他們，他們也就坦誠的提供了他們的意見，茲分述如下：

第一，不可貪便宜。本來每一個人最大的希望就是吃仙丹，這是他們的行話，就是以最廉的價錢買到最好的字畫，但

是在自己沒有把握的情況下，就只有買假貨，而無吃仙丹的資格。在抗戰時期各地的藏家都集中到上海，字畫之多可說無日不見新貨，當然吃仙丹的機會很多，但是只有內行人才有這種機會，絕難有仙丹送到外行人口中來的。

如果執迷不悟就產生了兩種惡果：其一是習慣了買廉價貨，見了高價貨就買不落手，所以雖然有好貨上門也會失之交臂；其二是人家都知道你不出價，以後就不會送好貨上門來，這是種惡性循環，使你的眼光永遠不能進步，就一直在假貨裏轉，即使見到真跡也無法分辨，故引為第一戒。如今書畫來源更少，就更要注意了。

第二，要有氣度，就是氣量要大，態度要好。氣量大者在價錢方面不可斤斤計較，要眼光放遠，有容人之量，要希望人家賺錢，方才有興趣代你找東西。有種量小的人聽說人家出售給他的東西賺了很多錢就耿耿於心，更出之於口，要知人家將本求利，能買到一件價廉的好貨，非一朝一夕之功，你只要衡量物有所值，不可理人家的本與利，更不可打聽人家的來路，而去私自鑽營，往往聽到某人新得了一件好東西，而你就無機會見到，因此對該經手人就不滿意，或者你的出價不及人家高而為人家買了去時，又責怪經手人不肯幫助，這都是量小作怪，要反躬自問何以有好貨而人家不先送給你看？或為何你先見到而買不到呢？至於態度好，是有關修養，有些人以為有錢買畫就好像南面為王，等人來奉承或動輒給人看臉色，或出言不遜，就令正直的人疏遠。一些收藏舊家就不甘忍受，拒絕出售，因為書畫收藏是風雅之事，不同於一般商業，更非有錢就能予取予求，昔日上海的幾個經營書畫的權威，也的確從不阿

諛趨奉，如以朋友相待，亦都能耿直相告，是真不同於一些譸張為幻之徒，要用諂媚手段來推銷劣品，所以待人的態度不可不慎，非但對人不可倨傲，亦不可對人有不信任態度，如你不能信任人，人就不肯為你用，結果損失的仍是你自己。人與人的關係相當複雜，各人的個性亦不同，但總的來說，只要你能以誠待人，人家也就不忍相欺。

第三，要肯出價。一件字畫並沒有一定的價格，所有的價錢都是比較而來的，根據供求的需要，協商而成市價。在物稀為貴的原則下，只要你有力量，就應該比市面的價錢給得高些，如果你能高出三成到五成，人家就一定樂於賣給你，表面上你好像是吃虧，但是以長遠的眼光來看，是佔便宜的，因為你肯出價，就有號召力，好東西自然先到你這裏來，你的機會就優先，物以類聚，眼光也就逐漸提高，普通東西不會亂收，所以反而省下了很多錢及精神。

第四，多看少買。多看就是多機會研究，不論真假好壞，能目見勝於耳聞，是吸取經驗之本；少買就是集中力量買精品，精品固然少，所看到的大都是普通貨，如果一年內能買到一百件普通貨，不如集中力量買十件精品，這話固然很對，但今時不同往日，既不像從前那樣買之不盡，更不能非精品不買，否則將一無所得，在供求易勢的情況中，也只能降格以求，但冀勿失機會為上，況且昔日所視為普通的，如今也已難得見，所以應該降格以求了。如今要談收藏，實非易事，而要成為一個大收藏家幾乎已不可能，這不是財力的問題而是來源的問題，各國的博物院都在尋覓藏品，私人的收藏就更感困難了。多看少買這一項似乎應修正為見好就買，要放棄時代的遠

近，名頭的冷熱，紙絹的新舊，張幅的大小等次要條件，只要是真跡而畫得好就不可失之交臂了。

第五，要知人善任。在收藏的過程中，藏家與經紀有不可分離的需要，因為買賣雙方如不通過一個居間人，即使是至親好友，也極難在價錢方面取得妥協，除非有一方能無條件的接受，如買方可以完全接受賣者的索價，或賣方不計較買者的給價，這種情形極為少見，往往雙方都難於啟齒，或者因為索價問題，時常反而引起誤會就有傷感情，如果買賣雙方不熟識就更無商談的機會，只有通過第三者的介紹及幫助方能達到目的，這第三者可能是朋友亦可能是經紀，當然以經紀的成分為多，因為他們是專做這一行，而熟悉各種門路，所以你要是能夠善於結交他們，就可收事半功倍之效，尤其如果你自己不能鑒定的話，則最主要的是如何選擇一些比較耿直、負責及有經驗的人來協助你，就全視於你的有無知人之明及能否信任而善加運用了，有些藏家很肯出價，也頗有氣度，但藏物仍不佳者，就全關係在人事也。

綜上所述各點，都是他們經驗之談，我數十年來的經歷至今思之，仍以得益非淺，故特為拈出以供有志收藏者參考，還有幾點本人的意見增補如下：

一、要多注意收書法，字是文化的根源，書法是中國特有的藝術，書法的趣味與音樂舞蹈一樣，初學似乎平淡，愈學愈能令人心醉，每一轉折每一頓挫都有無窮變化，真是易學而難精。在毛筆字不再普遍應用的今日，這種藝術已不為人注重，恐怕就要失傳，而前人遺留在世的墨跡，就我經驗所知，實遠比繪畫為少，如不妥加收集保存，非特愧對古人，亦難向後來交代。

二、要多收與書法有關係的繪畫，如畫蘭畫竹畫松畫梅等，都是將書法的精華融解到繪畫中去的，在書法式微的今日，與此有關的畫也日漸少人理解，遑論擅長的專家了。古人以寫字養氣，以繪畫怡情，所以書畫家大都多壽，藏家能略此妙，就得到攝生之道，故特為提出，請多注意。

　　三、不要人云亦云，跟着潮流走，要有自己的主見，就性之所近，取自己所喜愛之物，得到從心所欲之妙。在民國初年古畫中以清宮中流出之宮廷畫家作品至為吃香，如董邦達、錢維城、鄒一桂之流，其價格幾乎超過四王，後來石濤八大遂取代畫院派，並大大打擊了四王惲吳，一度張夕庵、顧鶴慶、潘畫王題，風行滬上，皆因有鎮江幫大量蒐求之故。

　　至抗戰時期，湯戴（湯貽汾、戴熙）忽然崛起，戴尤倍值於湯，我以為大家崇尚氣節，細查原因方知是上海銀錢業中人為要送禮與儲備銀行經理戴靄廬，群起採購，數月之內，成交數百件，價亦漲數倍，到解放後董其昌遭當局貶斥，說他是大地主、官僚、惡霸，他的畫就大大貶值，當時我以二三百元一件買到好幾件，而當時袁江袁耀的畫，因為說是工人畫家，就大行其道，至於如吳彬、盛茂燁、法若真及揚州畫派，以前不大為人注重，近代因為國際上的蒐求，就受到普遍的尊重了。至於時人畫家，民國初年上海盛行的陸廉夫、吳穀祥、吳昌碩、王一亭，及三任（任熊、任薰、任頤），到後來的三吳一馮（吳子深、吳湖帆、吳待秋、馮超然）及北方的三傅二蕭（傅儒、傅侗、傅沂、蕭瑟、蕭屋泉），到如今昔日繁華都往矣，已只留下任伯年與吳昌碩尚為人看重了，而以前不為人重的齊白石、傅抱石、徐悲鴻、黃賓虹等，如今忽然大紅特紅，一方

面是人為的吹捧，一方面是附從的推崇，數年之間，價格上漲了一百倍，一般明清小名家的畫價也望塵莫及了。這些都是時尚，要知藝術是永久性的，各流各派都有其長處，有些畫家時乖運蹇，不為人重，又有些畫家名不副實，徒有虛名，我們要避免跟隨流俗，務求實際，不必兼收並蓄，要知所選擇，則不求便宜，而便宜在其中矣。

四、不可輕信人言。許多人自己不能作決定時，就往往求教於人，這本來是一件好事，但是也有很多紕漏，世上真知灼見的人少，一知半解的人多，如果不能擇人而問，就得益甚少，其次真正明白的人大都不喜歡多講，而信口雌黃的人就言不務實，或者別有作用，因此喜歡道聽途說的人自以為消息靈通，不覺墮其彀中矣。往往時有人來問我，某件畫你有意要買，聽說你給了多少？又或者我曾對某件畫作了某種批評，甚至我對某人有所月旦，某件事如何如何，實在都是捕風捉影，與事實不符，甚至我根本未見過那件畫，如果你輕信了，就已上當，這樣的故事真是不勝枚舉，所以在收藏與鑒定時擇善與擇言都是十分重要的決定。

五、書畫有緣，自會遇合，如無緣雖到手亦不成。這事似乎涉及迷信，但就我所經歷，有偶然發覺收到者，有幾經波折方收到者，有已經談好或已付款而取消者，有先以為不好，後發覺是誤會而收得者，其種種經過，猶歷歷在目，雖環境變遷未必能俱永寶，數十年翰墨因緣，亦是以縈懷自誠前定，難以強求，茲略舉數事以志墨緣。

在一九六八年途遇朱省齋，言有吳彬一軸，乃往歲與陳仁濤易件而得，仁濤以為假而斥去者，後曾寄去瑞士及日本求

售，俱遭退回，故不能定其真假，偕往觀之，固真而佳也，即
洽收之，此偶得之例一也。一九七〇年夏，過潢肆，見作檯
上覆一畫頗佳，請反其正面視之，乃沈石田《蒼松奇石軸》，
詢之知為大千先生付裱者，次日確赴台北遂訪而求之，得蒙賜
讓，此又偶遇之例也。

　　一九四六年夏，汲古閣主人曹君欣然來告吾邑費氏所藏吳
漁山《墨井草堂消夏圖》有出讓意，此為其藏件中之尤物，稽留
至最後方出手者，惟價昂要黃金十兩，當時實為高價，且宿知費
氏不喜人議價，無可減折，乃勉允之。次日曹君來，云費氏夫人
不允售此卷，二老大起衝突，懇釋前議以解紛，予不得已之，
然以未得一見為憾。越二年，此卷復出，昂值至黃金五十兩，
益以五兩酬曹，當時固駭人聽聞者，然二年中心縈此卷，無時
或釋，一旦得償宿願亦不復計較矣，此經波折而後得者例也。

　　一九四九年，予在香港，畫家吳子深來告曰孫養農有夏
仲昭《風雨竹對軸》，真精新俱備，尺幅亦適中，且有數同時
人題跋，曾經畢澗飛收藏，乃孫氏夫人贈嫁者，今有意出手，
予亟請其往洽。子深與予為忘年交，畫竹尤所長，其所藏夏
仲昭《半窗春雨》二幅曾以歸予，但留滬，未攜出，故彼悉予
為極嗜夏竹者。次日子深空手來云，昨日訪未能晤，今日再去
則已不及，二竹經歸落上海市長吳氏矣。為此予懊喪久之，予
亦嗟竟未得一見。泊來二十八年，一九七七年春，紐約拍賣行
寄來之目錄中，赫有夏竹二軸在焉，然不敢必為前所聞者，然
所載固與前聞符合，時距拍賣日期已僅一周，乃亟購機票耑往
觀之，是孫氏故物也，遂以重值購之，舊裝已敝，復經多人展
握、折損，攜回香港，即付裝池，今乃煥然，是仲昭之遇我，

亦予之幸也，惜子深已溘逝三載，敬奉香祝告九泉亦當為故人雀躍歟！

一九五二年夏，孫伯淵約往吳芳生家看畫，彼以藏明畫扇面逾千稱雄，予獨賞其王煙客、惲香山、張爾唯、楊龍友四家合卷，伯淵乃為予作緣，方議價，忽不諧，不詳其故，心頗懊喪，一日途遇楊文蓴告以此事乃有人從中掠奪，緣錢鏡塘與孫伯淵不睦，聞吳芳生告孫為予議合卷事，即增其值而介與錢也傑購之，予乃不諧矣，此又功敗垂成無緣之例也。

厥後錢鏡塘自慚魯莽乃欲介紹馬德宏藏物與予，時適孫伯淵亦來作介，予不能捨彼就此，乃商請二人共同協助，時當盛暑，乃偕孫錢二人乘早車至蘇州在松鶴樓晉早餐後，再赴馬寓，盡觀所藏，予初選其楊龍友《山水長卷》、仇十洲《竹院逢僧軸》、文嘉卷、王廉州冊、王時敏冊、惲南田《山水冊》、王時敏《山水軸（董思翁題）》、夏仲昭《戛玉秋聲軸》、王廉州《仿北苑軸》、卞文瑜山水冊十件，後以議價不諧僅留五件，遂在馬處午膳，膳後赴虎邱及獅子林等地一遊，傍晚返滬，偕赴錦江飯店晚餐，席間予婉轉勸解二人不宜再存芥蒂，因當時環境已不同，宜彼此互助，二人亦頗懊悔，首肯予言，予亦不復有無妄之災矣。

一九四八年曹友慶為予購倪雲林《綠水園圖》，合價黃金六十兩，其時黃金價上落頗大，予計時值予之，傍晚忽來云該款已不足購畫，請退畫，予欲易付黃金，亦不允，遂罷議，此以幣值之故，竟得而後失，又無緣一例也。

一九六九年，朱省齋告曰昨偕龐耐赴吳明醫生處有夏仲昭墨竹一軸，畫既平常，且又殘破，彼竟出價美金千元，而吳氏非

二千不讓，殊屬怪事，予韙其言，亦未深究，至一九七〇年夏，予赴澳門葉醫生家購畫，忽見其書桌上有墨竹照片甚佳，乃夏仲昭《清風高節軸》也，亟詢其此畫安在，葉云早已售與吳醫生矣，予返港即挽人往詢吳醫生，覆云此畫仍在，價實二千，須另加佣，予急偕往觀，並即購之，此因誤會而幾失機會之例也。

王南屏手稿·論收藏

論投資

　　這種投資雖不是立竿見影，但是經過十年廿年之後與其他商品作一比較時，其所漲的倍數會是驚人的。不過投資者都是精明的，如何收藏到一批好的古物就成為先決條件，否則也可能成為一種失敗的投資，因此鑑定就成為一種必要的步驟。鑑定者的尋求並不容易，因為各人的背景及學養不同，而每一個鑑賞家也不是全能的，長於此者未必長於彼，即使一個簡單的問題，也往往有各種不同的意見，所以要集合成為一個共同的決定便不是易事。收藏對鑑定既有無比密切的需要，鑑定的高下也就成為收藏優劣的標準，當然有一部分古董商只是為了賺錢，而不準備收藏，因此也就不考究真假好壞，只要見到可以做生意的就買，最好是程度好的假貨，賤進貴出，獲利可觀，如果買一件真正的好貨，就一定所費不貲，而要找對象反不易，獲利亦不高，因此一般的商人都是買貨就客，而一般的玩家或附庸風雅的人也都希望以低價買大名頭的東西，而市面上好的東西本來少，似是而非的貨就在其間大量流通了。歷代以來一直有人做假，也一直有人在買賣，更一直有一批不求甚解的藏家玩家。在商業的立場上講，作偽與售假都是不道德的行為，但是如果每個藏家都要求真貨，又那來這許多真貨，而一批經紀豈非都只能改行，因此我覺得改善供求的關係之外，還在於收藏家本身覺悟的提高，自己能夠建立一個鑑賞的基礎，能夠清楚的認識到應該如何去收藏，更要明白應該如何訓練自己去鑑定，況且這是一件賞心悅目而又是最佳的投資的事，何不下些功夫去培養自己的興趣呢？

这种投资，极其重要之举，几乎都是经过十年廿年之收藏，花些商品以至比较好的时间，非所得的收藏，其志趣合人感。凡遇到这投资的都是投资的，以及收藏的一件好的东西。这就成为凡收藏的，一种美的享受，证它更加显示出来。到了结成为一种先前的投资，国为先人的一种先前的投资，国民经它就成...

論藏畫

　　藏畫的方法昔人每多謬誤，予常往私人藏家看畫，每見有霉爛不堪者，有虫蛀粉碎者，有紙黃而脆者，有發黃或黑斑者，敗卷殘楮，虫魚潛逐，種種敗壞之情，為之心忱，究其源皆不能安為保存之故，歷代以來，傳世之書畫為天災人禍大量毀滅之外，故舊之家因保存不得其法，而致損失者亦不計其數，故至今流傳日少，吾人再不可不留心保護，茲略述數要點於後，以供參考：

　　一、存畫宜於乾爽，以免發霉或生虫，昔人每於春秋佳日於日光下曝畫，以為可以袪濕殺虫，實是大謬，因書畫俱為紙絹，一經日炙便發脆發黃，自然摧裂，且質地受損，雖重裱亦難復元，因此即張掛亦不可為日光照射，亦不可久懸於強烈燈光之下，而空氣太過乾燥之處亦不宜久掛，其理一也。

　　一、潮濕地區存畫必於乾爽之日將畫懸掛數小時後捲起以乾棉紙包裹置於密蓋之皮箱中，遇潮濕天氣時切不可張掛，否則濕氣吸入紙中便生霉斑，日久便霉爛不可救矣，幸如今科學進步，有冷氣機可用，在潮濕天氣時，室中開冷氣機後再開箱發畫，便無此弊，如不慎受潮，着手便覺有涼意，且捲時澀津，宜懸掛於冷氣室中，待其乾爽後再捲起，如已經受潮而生霉斑者，即速重裱，務將霉斑去盡，以防滋蔓。

　　一、存畫之箱要避免用木箱，更不可用樟木箱，切不可放置樟腦丸，木箱新者易生虫，舊者易脆裂有縫，樟木有油，其氣味入紙便生黃斑，昔人不察，以為樟木箱及放樟腦丸可殺虫，及防生虫，殊不知油質在氣味中滲入紙中，日久雖重裱亦

不能盡去，雖有利亦有弊，不可不注意。

　　二、避蟲之法在於環境清潔，室內壁間桌上都要清潔，觀畫時先洗手，不可留汗漬，不可多說話，以免唾沫沾污，不可臨畫飲食以防沾污或留殘屑，蟲魚最喜食紙，宜以堅紙緊裹書畫置密箱中，手卷最好每個用紅木匣裝置，並常加檢閱，不令有滋生機會，又可以報紙襯於箱底及覆於箱面，亦收防蟲之效。

　　三、書畫常有黑斑者，其一是從前揚州裱工都用鉛粉全底，新時頗為妥貼勻淨，但日久或稍受潮便會發黑；其二是畫工筆設色仕女或花卉時常釉粉着色，其粉亦含鉛質，日久或受潮時亦即發黑，如嚴重要重裱，輕者可用雙氧水浸之便退，但畫面上如用雙氧水只可輕掃，否則粉與色俱洗去，便失精神矣。

　　四、舊書畫之裝裱極為重要，如經劣手，便損傷而失神，好手則可發揚精采及增加保護作用，尤其古畫之已殘損者，昔日潢肆必另備全畫高手，每一破洞都用舊紙或舊絹之相同者，對其紋理逐漸摻合，然後加以顏色至與原紙原絹無異，再用相同之墨色或顏色，於缺畫處逐筆補全，名曰按筆，工程之大，一畫之微，常經年累月，潢肆主人必保存付裱舊畫之一切綾絹紙碎，又蒐羅舊錦舊紙舊絹及各種古墨顏料，以供應用，裱畫必於日間光線充足之處反覆對光全畫按筆，晚間燈下及陰雨便不動手，非特潢肆主人對潢匠十分尊重，即藏家以古畫付裱亦必先與潢匠商洽補綴，並另付酒錢以壯其色。予於一九四八年重裱所藏之文潞公《三札卷》時，即付黃金十兩為酬也。如今能裱舊畫之人手日益凋零，亦無法再訓練新手，此業式微必

矣，故手上有書畫必須要重裱者，宜即進行，不可遷延。

　　世間名跡來歸，個人能盡保護之責矣，然世事變遷不定，未必人人都能終生永寶，其時委付何人，亦宜有所選擇，不可輕易與人。必也視其所好，觀其所成，確能有尊重庋藏之願者方可付託。曷或本身固能傳襲珍藏矣，然子孫未必亦能同嗜，當如何以安置，此尤為收藏之要義。須知一書一畫之成，是古人殫心竭慮，窮一生之功，以本身藝術思想參合今古造化而得。吾人既知其文化價值，便當思所以發揚之，不可僅視為玩物而已也。故藏於私篋未盡藏也，其當不以祕藏為寶，能以公諸同好為樂，使世之有志於文化藝術之徒，俱得而參觀之，研究之，俾藝術瓌寶能普藏於眾人心目之中，此為藏之更大意義也。願世之藏者三復斯言，於人於物俱是無量功德焉。

藏畫之方法，藏畫之人每多謬誤，茲別列舉予專家共矣。

人藏家書畫，每忽有蟲蝕而壞者，有塵封不蝕者，有出蛀於碎者，有紙色而脆者，有黴黃漬者，精裱卷殘揭，有鱗角出魚鱗通故壞者，效壞之地為之憮悵，究其原

壞畫諸蟲

蟲蝕

蟲蟲

皆不能每為保存之故，歷代筆研之畫，為失人禍大皂修損蟲之外，故舊之家因保存不得其法，而故損失在

二不計其藏，故必今須使自少壽人重不了不當必保護

蘇眠述樹真些於此此心借參攷。

藏畫空於乾蒸燥蒸壞蟲

藏人每於壽攷借者走下曬畫，以為心祕得殺蟲空處

一蕩人每於壽攷借者走下曬畫，以為心祕得殺蟲空處

大漲因壽畫偶為紙絹，一種白裹使黃脆黃黃自延挑碎

已暨地受摺飢毛蝕之蛀厚之，因此不停掛之不可為自走

照射之不久然於強型打走之下

勁樹粗煙之處不宜久掛其理一也

論鑒定

鑒定的定義

中國書畫的鑒定工作，主要就是辨真假，這是收藏的最主要條件，也是研究中國書畫藝術的第一要點，因為歷來偽造的作品太多了，所謂十真九偽，可知真跡僅僅乎只一成，這就給鑒定工作添了許多麻煩，低劣的偽作還容易分辨，高等的贗品就可以亂真，給人的混淆就大了，因此許多人都在鑒賞，但是很少人能定真贗，有些人常說這畫畫得很好，決不會假，事實上好與不好並不代表真假，有時好的畫並不真，不能因為偽造者刻意摹仿得好就說是真，而每一個畫家因為環境及情緒的不同，許多時畫不出好畫，因此並不能因為畫得不好就一定說是不真，就我經驗來說，畫家一生實在畫不出幾幅經心之作，一般來說都是普通作品，一些是應酬之作，一些是易米之作，甚至有許多不經意之作，所以真假與好壞是兩件事，在鑒定時經驗與學識是並重的，經驗是多看，不僅看真，還要看假，才有比較，學識則不但是從作品上吸收，還要多看有關的書籍，因為學無止境，鑒定的程度亦是由淺入深，循序漸進，決非一朝一夕之功，要隨時留意，刻刻當心。

中國的畫只由宋代到如今已一千年，畫家有數千人，我們不能見到所有畫家的作品，亦不能夠看盡每個畫家的畫，全在於你要能憑你所吸收的經驗與學識來觸類旁通，得到舉一反三之妙，鑒而得法，真贗之辨，實在並非難事，從前歷代的收藏家鑒賞家雖然有許多論說及著錄來講述藏品，但是從來沒有人能寫出一篇鑒定的要訣來，項子京是明朝最大的收藏家，連

著錄也沒有；梁蕉林是清初的大鑒賞家，也一些沒有鑒定的專論，到乾隆時的安儀周有著錄，收藏的東西也很好，不管是自己能鑒定，還是請別人代為鑒定，總之都是各憑己見，好像這是獨得之祕，不可言傳。晚近雖然有人講講鑒定之法，但是又抽象得很，不夠明了，可作為參考，不能憑為依據去進行鑒定的工作，因此我就勉強就個人的經驗來寫出鑒定的方法與步驟來，希望大家都能夠達到鑒定的目的。

鑒定的步驟

一、先從事檢閱影印的書畫，從珂羅版發明後，書畫就絡續有影印出來，我們比前人就沾光得多，如今印刷術日漸進步，比從前又清晰得多，各國的收藏，大都有跡可循，亦有許多已影印行世，雖然影印與真跡仍有一段距離，但是看印本只是先要認識面目，不是要從印本去鑒定真假，當然看印本也要先選擇，出版者的態度是否嚴謹是主要條件，如各國博物館的收藏品集及專家的論著與專題展覽的目錄，就比較私家藏物的目錄及商業性的畫冊等要好得多。我們先就已影印出來的書畫作品看出每一個書畫家的獨特作風，再去分別出他們各個時期及各種不同的面目，如沈周是如何樣的畫，王翬又是如何樣的畫，沈周早年與晚年的畫如何不同，王翬早年與晚年的畫又如何不同，再進一步看看他們的款字是如何的，早年到晚年又有何不同，至於印章、紙色、墨色及收藏題跋等等，就不能在影印本上去吸收經驗了，所以看影印的書畫就等於要介紹你認識一個人之前，先給你看一張照片，就比口頭上形容簡易而明了，這個人早年與老年有不同的面目，因此你也就要多看他幾

個不同年齡的照片，鑒定書畫的初步工作就是要先認清面目，因此你就最好多看影印的書畫集，這第一步基礎功夫，如今各博物館及大學都已將一部分書畫攝製成幻燈片，可以放大來看，就比印本更逼真，所以如能買到這些影片來看，就更完善，但是如今尚不十分普及，同時檢閱起來比較麻煩，不及畫冊的可以隨手翻閱及比較，你能從書畫集中吸收到多少影像，對你將來鑒定書畫時在直覺方面是有一定的幫助的。

二、除了看畫冊之外，再要看美術發展史及各個書畫家的歷史，如書法的篆隸真草的演變，畫法的人物山水花鳥的進化，在各個朝代的各個作家都有他們的背景，師承以及他們創新的過程，與你在影印的作品中所見的各種面貌互相參證，才能得到更深一層的了解，因此而知道時、地、人對各個書畫家的不同影響，就要多看歷史地理與人文的書。

其一，是人創造了時代風格，不是時代定了一個風格籠罩了各個畫家。在宋代以前不必去說，因為作品太少，已經不能劃出一個時代的風格來，到了北宋一般畫家的面貌就定下型來，董、區與李、郭，雖畫風不同，但是代表了北宋以前到北宋末的時代性，一到南宋，江劉馬夏的作風就又是一種格局。到了元初，趙子昂錢舜舉的畫風仍舊是宋朝的風格，但是黃王倪吳四家就另創了新畫風，與南宋各家完全分道了。到了明初徐賁、馬琬、王紱、陸廣等，還是有元朝的胎骨，但一到沈文唐仇，就忽然創立了一種特有畫風，不再為元朝的畫風籠罩住了，是謂吳派，將明初的浙派完全壓了下去，此後畫人作風大變，院畫是逐漸消沉，青籐白陽別成面目，到明末董其昌項聖謨又是各不相同的一體。八大、石濤、老蓮、瞿山等因為受到

國破之恨，又別創一體，清初四王惲吳雖秉承吳派及松江派的餘波，然而作風就別出蹊徑，別成婁東一派。六大家之外，金陵八家、新安（梅清、漸江、查士標等）各家、江西各家（八大、石濤等），紛紛以自己的面目出現，雖然不能統一，但都有近似之處，到乾隆時揚州畫派盛興，與宮廷畫派之秉襲四王大異其趣，就也完全吸收了青藤白陽及石濤八大的餘澤而成，以上種種都是每一個時代有一批畫家吞食了前朝的果實再創造了自己的規模，同時各人互相影響及一批子姪及學生的景從，就造就了一種時代風格，每個畫家所處的時代不同，所受的影響亦不同，真是時勢造英雄，畫家何獨不然。

其二，地區性的不同，也使畫家受到不同的影響，如范寬，如趙大年，他們的畫截然不同，雖然同一時代，但因所處之地不同，所學所見就不同，因此也就面目各異了，再則從前交通不發達，畫家不容易周游各地，在北方的山水與南方的山水有顯著的不同，而相近的地區如華亭派與新安派亦門戶各立，畫法迥異，這就是地區性的關係，所以要研究一個畫家的成長，除了出生地之外，還要知道他們遷移及遊歷的過程，如金農本來是杭州人，黃慎本來是福建人，但是他們都流寓到了揚州，成為揚州畫派的骨幹，因為其時的揚州是南北交通的要道，是鹽漕二運的樞紐，幾乎是全國商業的集散地，經濟上的繁榮，使揚州成為通都大邑，詩人畫家也就受到當地鉅富及名士的吸引而群集了。他們的投奔到揚州實在都是為了衣食，然而他們的個性實在極不適合當前的環境，看不慣官商兩途的奢靡腐敗，更不能忍受庸俗商人的頤使氣指，心中的不平之氣就在筆頭上發洩出來，他們不好好的畫，只是信筆亂塗，因為他

們有很好的根底，所以出筆雖粗獷但頗有動氣，如此一來，就開創了一個新局面，在壹百年來正統畫派流行的積習下，忽然見到新奇的作風，就大大的吸引了當時當地的富家及名人的注意，你吹我捧之下，一群畫家，爭相效尤，如此就造就了所謂揚州畫派，這就是因為畫家遷移的原故，開創了一個地區的畫風。又如黃向堅為了萬里尋親，後來在筆下寫出了他經歷的山川面貌，梅清最愛黃山，所以筆下寫的都是黃山勝境，這就是遊歷的關係才能有此造就。

其三，在研究了歷史及地理的背景之外，還有更重要的一點，是人的關係，是師承與交友的影響，每一個畫家都有一個老師或許多個老師，這是對畫家直接發生影響的，至於他們長成後的交往朋友，就對他們間接的發生影響了，也可以說師承是縱的關係，其他都是橫的聯繫，縱橫交織，就各成面目。我們都知道文徵明是沈周的學生，沈周吸收了元人畫法尤其是梅道人，文徵明再間接的從沈周得到梅道人的長處，所以有粗文細沈之說，是說沈作畫大都粗筆，文作畫大都細筆，因此粗文細沈就稀有而名貴了，如今我們從粗文的畫看來，就可以完全了解到文徵明是繼承了梅道人到沈周的衣鉢，加以他對宋元各家的用心臨摹，再能夠與周臣、唐寅、謝時臣、仇英等人的觀摹切磋，學詩文書法於吳寬、李應楨，更與祝允明、王寵、徐楨卿等為友，成為詩書畫俱長的全能畫家，沈文二人能開創吳派，豈偶然哉，所以我們除了看作品之外，能全面了解到每一個畫家的時、地、人、關係，互相引證，互相對照，這樣來從事鑒定工作，就不會有茫無頭緒的感覺了。

三、要多參觀真跡，在看了影印的各種書畫之後，只是

知道了一個概念，進一步就是要看真跡了，如今真跡的收藏，在私家的少，在博物館的多，不管公私的收藏的分散各地，一定要爭取去參觀，而且要詳細的看，要一而再的去看，看的時候要大膽的懷疑，再小心的求證，務必要做到能確切的懂得如何才是那個畫家的特點，人都有先入為主的觀念，如你能先多看到真跡，知道了每件真跡的特長，以後再見到各種偽作時，就不會為之蒙混，這就是鑒定。古時以銅為鑒，「鑒」是一面鏡子，照出了面目真相，你既已習見了真面目，就不用怕為虛偽的假面目欺騙了，參觀書畫除一般性之外，最好參觀專題性的展覽，如台北故宮博物院舉辦的書法展覽，元四大家展覽，吳派畫九十年展覽，以及美國的石濤展覽，王翬展覽，文徵明展覽，書法展覽，等等，每個專題展覽是齊集了許多作品在一起，使你對各個不同的畫家能一下子認識到他不同年齡所畫的各種作風，以及與他同時有關畫家的畫法，便能了解到他們承先啟後的來龍去脈，這種有系統有比較的展覽，啟迪性特別高，看的時候亦特別令人有興趣，因此得益就最多。

四、要多發掘問題，自己不能解答時就不恥下問，多多的去徵詢解答，無論是在看影印書畫或真跡，都會有許多不明白的問題發生，在看各種參考書籍就是在求釋疑。當自己一再的尋求答案不能得時，就要去求教於比自己懂得多的人了，未必一問就明，也未必人人都能解答，此時就全在於要能有不厭求詳的精神，一個問題的通達可能解決了連串的懷疑，先求諸己，再求諸人，進步必定神速。

鑒定的要點及方法

書畫的鑒定當然先從書畫本身着手，當你已經看過了許多影印本及真跡之後，再讀了許多關於書畫家的書，就已經對每一個時代每一個畫家都有了概念，不管每個書畫家有多少變化，你都不難從他們的筆路中找到線索來與你所了解的對證。一個書畫家的成就既然要經過許多過程，偽造者就不可能做到與他們相同的程度，再加每個人的個性不同，書畫是個性的表現，個性包括了思想，這就更不是偽做者所能完全摹擬得到的了，況且書畫的表現方法是完全出於自然，偽作者只能做到極力摹仿，如一用自然手法，就原形畢露，在畫還有修改潤飾之途可用，寫字一筆不能增減，功夫不到，毫無勉強。除此之外，書畫而能成家，就有其獨到之處，也必然是精神貫注而成，因此一件書畫到手，先將之張掛在壁，手卷冊葉亦要豎直來看，所以要直立來看者，書法要挺拔，所謂個個字能站得起，畫要氣脈流通，筆筆生動，能近看，又能遠看，要經久耐看，是真跡必然愈看愈妙，愈看愈覺得有滋味，能引人深入，能使人神迷，偽作就只是初看尚佳，愈多看敗筆愈多，且氣勢不能貫通，所以有句老話，叫「書畫會開口的」，這就是說真跡是生動的，當你熟悉之後，簡直像是他會告訴你他是真跡一樣。

15

鑑定的定義

中國書畫的鑑定定義,主要就是辨真假,因為這是收藏家主要條件,也是研究中國美術的第一個要題
歷來偽造的作品太多了,所謂十真九偽,可知其績
偽之手已成,這給鑑定工作添了許多麻煩,低劣的偽
作還容易辨別,高等的偽作也就可以亂真,給人的混淆
就大了。因此許多人都在鑑賞,但無能多人能定真偽,
有些人常說這畫的很好,決不會假,事實上好與不好並不
代表真假,有時好的畫並不真,不能因為偽造者刻意
摹仿得好就說是真,而每一個畫家因為環境及情緒
的不同,許多時畫不出好畫,因此並不能因為其畫得不好

論學習鑒定的步驟

學習鑒定的步驟

鑒定並不是難事，正如陳白沙說「學無難易在人自覺」，主要在有無興趣及如何培養興趣，許多人都告訴我字畫的鑒定是關於多方面的學問，因此覺得深不可測，不易探求，人人都望而興歎，好像入門都不易，不要說深造了，其實是並不正確的，如果你是十分有興趣於研究字畫的，就不必顧慮，你只要按部就班的去進行，以及隨時留心所見到的字畫，興趣日漸加濃，進步就會很快。如果不按照步驟去做，見到字畫目不關心的隨便看看，那末要能夠進到心領神會的境界就很難了。所謂步驟其實簡單，是每個人都有機會及能力做得到的，只在於你肯不肯花些時間及能不能留心些去注意的問題。

第一步需要去做的，只是多看影印的畫冊，畫冊中所影印的各種畫家作品，雖然不能和面對真跡那樣實在，但是多看之後就會對每一個畫家的作風及面目有一種稔熟的概念，這是於將來進入鑒定階段極有幫助的要素，如果你不能熟悉那個畫家的作風及面目以及演變的過程和款字，也就不能掌握這個畫家的竅門，則如何可以得到一個標準來作為鑒定的初階呢？

有人說畫冊在市上太多，未必每一本畫冊所印畫都是真跡，又何以適從呢？這的確是一個實在情況，可以大致上作一個選擇，就是對時代及出版者二項來一個甄別，從前所影印的畫冊第一因為技術的關係，不夠清晰；第二昔人選畫不夠嚴格，只求量不求精；第三舊畫冊如今也很難買到。所以先放棄蒐購舊畫冊的一步，專門蒐集近三十年來出版的畫冊，就比較

容易得多。但是也要加以選擇，就是對出版者要研究，第一先選各國博物院及大學所印行的畫冊，因為近年各國都努力研究中國畫，舉行展覽會、研討會等等，對於印行的畫冊也比較慎重選擇，雖然不能達到完全真實的地步，但是也可有八成以上的可靠性。就是不真的畫，也不是太明顯可以看出的，是有相當程度的舊價貨，所以也是有研究價值的，況且有些是印在紙上可以到亂真的地步，除非看了原畫才能確定其偽，所以在形象上來說所謂面目及作風是極為接近的，對於初步學習鑒定的人是不會有很深的錯誤印象的。

至於有許多出版公司或書局，也影印了許多畫冊，常常失之於濫，只有極少數是選擇嚴謹的，這是主持編輯的水準及工作態度關係，大多數就兼收並蓄，不論好壞收入就算，所以許多裝潢精美、印刷很好的畫冊犯了內容不堪、良莠不齊的毛病，有許多更只是翻印已經一再印過的畫，東拼西湊，成為一冊，這些就都是可以放棄的。至於開本太小或印刷不佳的畫冊也都應在放棄之列。

大概能夠選閱數十種好的畫冊對於第一步的準備功夫就已經做到完美的開端了。從前人說「熟讀唐詩三百首，不會吟詩也會吟」，就是習慣成自然，所以多看畫冊就練成看的習慣。

與此同時，還要參考一些書籍如美術史及繪畫史，畫家傳略之類，以及一些對鑒定書畫的著作，這是與看畫冊相輔相成的，對繪畫的變遷及每一代的一些著名畫家的師承演變等，要有一個概念，然後在畫冊見到某畫家的作品時，注意所題的歲月及內容如仿古或寫景等，每一個畫家從青年到老年，不論其如何變化，總有跡可尋；再則到了某一個時期就成功自己的面

目而定了型，不論他在摹仿任何人，而末了自己的面目仍很自然的流露出來，這就是使人發生興趣的關鍵，也就是學習鑑定的首要，而是在不知不覺中，讓你印入腦海的。第一步如果開始完善，第二步就要緊接邁進，這是比較深刻及艱難的一步，但是只要你是已經對第一步有了興趣的話，就自然會對第二步隨即跨出，不會猶豫的，這一步就是要多看真跡了。

如今各國博物院都有展覽，而且都是加以選擇而展出的，不管是一般性或專題性的展覽，都是可靠性甚高，對於學習鑑定的人是幫助極大，其一是對在畫冊上所得到的印象有了實物來印證；其二是對紙色、墨色、印色三樣不能從畫冊上來觀察清楚的，都有了可以仔細分辨及吸取的機會，這三樣顏色是鑑定書畫的基本要點，缺一不可，而這三樣顏色是必定要由本人去仔細觀察真跡才能得到的。而且是要在多看的前提下累積經驗的，是沒有一個人能夠寫出或形容出這三種顏色的標準來讓你學習的，所以只有自己努力多看，看時除了對照在畫冊上所見的畫法作風及款字形式外，這三點就是最要注意的。

紙色又包括絹色或綾色，紙有各種紙，如宣紙、棉紙、皮紙、色箋、金箋等等，是能畫畫的差別不大，但是寫字時所用的紙就種類繁多了，絹與綾在明清的繪畫中比較用得少，所以也不太難分別，主要只在一個「色」字，因為色是根據年代變化的，一張紙經過了一百年就一定變了米黃色，如果因為張掛的時間久，風吹日曬，變成深黃，或受潮霉爛又漸變為淡黑或深黑色，這都是自然的變化，看多了就直覺的知道這紙已經經過了大約多少年，當然不可能分辨十年或二十年之內的距離，但是五十到一百年的距離是大致可以分別得出的。

其次是墨色，墨色又包括作畫所用的各種顏料，除純用淡墨作畫外，有雜用顏色的，或純用顏色的，這與紙色一樣，是隨年份而變化，而且是深入紙內，與新畫浮在紙上不同的。其三印色，在書畫家所用的印色，大都很講究，印文是要另作研究的，如今只講印泥的顏色，各朝代用不同的印泥，新蓋之時的鮮明、油色，也是隨年份而深沉。

以上三種色是互相配合的，我們統稱之謂「舊氣」，不能用新墨或顏料畫上舊紙，或用舊墨或顏料畫上新紙而能成為古畫，更不是用舊紙舊墨來作畫就成為古畫的（所有做假畫的，也都是利用舊紙舊墨來做的），這種「舊氣」很難製造，所以成為鑒定的要點。當你參觀古書畫時所能吸收得到與看畫冊時不同的要義，就是在於「習見舊氣」，舊氣不是所有舊的就是真跡，許多做假的人都知道如何製造「舊」，除用舊紙舊絹舊墨舊顏料外，還利用風吹日曬、泥浸漂染等方法，造成其舊，但是總失之自然，如何去分別，就在於能多觀摩真跡了。而且一件古畫雖然已經過數百年，因為保存得好，潔淨如新，但是歲月所加的古意盎然，是能夠給予觀賞者一個顯然的明證，與新畫有截然不同的氣息，很難形容，必需累積實踐的經驗才能了然於胸。

以上二步是鑒定的基本步驟，如果能夠實行不輟，在三年的時間內，參看五十本好的畫冊及仔細的觀賞了一千件名畫之後，我相信非但會興趣大增，而且必定提高了欣賞的程度，至於在鑒定真假的標準方面也可說已有五成的把握了。

對於以上我所說的時間及件數，只是大概而言，因為每個人的學養不同，悟性有高低，如同學校裏同班的同學，不能

有相同的成績一樣，所以如果對中國文學、歷史、藝術一向有興趣，而領悟力又高的話，可能進境會快些，但是所謂勤能補拙，只要有興趣研究，有志向學習，假以時日，總有成功之望。

第三步是上手及比對，所謂上手就是將字畫拿在手上來細閱，在參觀博物館時，一般只能隔了玻璃欣賞陳列品，如有機會能到博物館的倉庫去看或要求拿幾件出來細閱已不是易事，又如能得到私家收藏的允許將藏品拿出來仔細審閱，也是十分有用於鑒賞的，當然最大的益處在於自己收藏，如果在可能範圍內，收藏到了數十件好的字畫，就對於去研究及鑒定有了極大的幫助，再如能夠在你的藏物中研究後而發現了一件偽物或者在將購未購之間發現了是贗畫，這都是非常令人興奮的事，首則可以提高警惕，次則可以鼓舞興趣，這都是上手後方能得到的結果，也就是鑒而能定的境界開展於你眼前了，當然在這個階段還有很許多應注意的各種事項，在後我將另文詳述，這裏我先要說明為什麼我要將上手看畫放在第三步，而不是第一步第二步，或同時進行呢？這中間的區別實在很大，在一般人都認為去買些畫冊來看有些隔靴搔癢，不着實際，而要去各處參觀博物館更是要花很多時間及金錢，況且還都只能遠觀，不能近玩，不如去古玩鋪或畫廊，或熟朋友家裏借些來看，比較實際得多，最多不明之處找幾個人指點一下，如果你也有這種想法，就已經沒有希望在鑒定書畫方面得到結果的了，因為本末倒置，所看到的一定大都是贗品，所能吸收到的就是一片糊塗印象，孰真孰偽，從什麼基礎上去認識呢？我見到很多研究書畫的人，都為了急功近利，不曾按部就班的去進行研究，一

直在門外兜圈子，永遠真贋不分，也真可憐，這就是我要將上手看畫放在第三步，使基礎穩固後，不為手上拿到的各種東西混淆你的既定觀念，而只會幫助你得到許多反證，確定你所得的知識。

比對的功夫是複雜的工作，比對的初步是將你在畫冊上所見的與在博物館見到原件時作一個詳細的比較，在印刷術很進步的今天來說，印刷品往往比原作好看，因為如果一件畫已經很舊而破的話，在印刷時不大能夠完全表露無遺，也可能是為了要好看，在色澤上故意製作得美觀些，我在以前見到台灣故宮博物院的畫冊印出沈周《秋林策杖圖》，覺得是非常完美的一張畫，但當我到故宮博物院見到原畫時，簡直不相信就是這一張，破得非常難看，距離畫冊所印頗大，這就證明看畫一定要看原作，不能以印本為標準，印本只能表露格局，在氣氛上是無法比較的，所以將印本與原作比對的主要點就在區別其異同，及學習在紙、墨、印三色的分別的不同與三色共同的關係，使某一個時代內每一個畫家的作品所共有的氣氛能夠給你深刻的印象，其次才是將原畫與原畫來作比對。

如你手上拿到一件王石谷的畫，先將它與畫冊上影印出來的作品比對一下，然後再將其他王石谷的畫來比對，如有年干記載的更好，畫不會相同，筆法就一定相同，款字就一定十分相近（有時因為用的筆不同稍有出入），印章也可能相同（因為每一件畫不一定用相同的印），此外就是紙、墨、印三樣顏色的關係了，這是存在你腦海裏的經驗，如果比對無誤，而又找不出其他破綻的話，這就確定是一件真跡了，當你一再比對之後，日久就信心十足，只要目之所見，與心中所知作一個比

對，就能判斷優劣、評定真贋了。

　　第四步是參考專家對如何鑒定書畫的著作，及徵詢專家的意見，對鑒定書畫的著作或專論，在從前是不存在的，而且好像獨得之祕一樣，不肯輕易傳人，遑論筆之於書了。到近年來大家方寫出些歸納而成的意見來，但是對一個初學的人說時代風格、個人風格之類是不知所指的，一定要到了有相當程度之後，方悟這些道理的存在，所以我將這一步放在後面是要令人讀來容易了解，對各種要注意的訣竅也更覺得實用而親切，至於徵詢專家的意見一項，實在是與第三步可以相輔相成的，因為專家的意見是累積經驗的結晶，一經指點，往往有使人茅塞頓開的感覺，所得教益，收事半功倍之效，但我將之放在最後，是為鼓勵「先求諸己」的意思，一味依賴人根本不可能，況且專家也不是隨時可得，更不是百分之一百的準確，再則要挑選可供諮詢的人實在比求畫更難，不如求己為上。

　　以上讀了四步學習鑒定的步驟，如果能夠實踐，必有成效，況且目前國內外所印行的書畫冊很多又很好，世界各國的大學及博物館都熱心研究，更周年有大量的陳列，這都比三十六年前我初學時的條件有利得多，所欠缺的，就是現在要上手的機會愈來愈少，收藏已經十分難得，而且這個情況將持續下去，這對有意研究及有志收藏的人來說是應該及早努力才是。

學習鑑定的步驟

論作偽

昔人作假，尚存忠厚，每於畫及題中留一破綻，使後之鑒定者有跡可循，予數十年來所見，前人偽作之畫夥矣，偽作之佳者，幾可亂真，必經細審，方悟其非，茲羅列於後。

一、畫之不合理處，如樹梢忽發大枝，兩屋頂不平衡，風中行人之衣與樹之風向相背，雨中張傘者傘柄與傘頂不作垂直角度，一車二輪一大一小，山徑一路如蛇蜿蜒而上等等，雖然中國畫不能盡求比例正確，然如以上之各種謬誤，決不會出於大家之手，故偽仿名家之筆，而有此等錯誤處，非其人故意出此，便是作偽者能力甚低，然而就予所見之偽作，俱為初見幾可亂真者，細察方覺其謬，從知其為故意必矣。

二、題畫之詩或跋有錯字數出者，有明人畫而題清人詩者，有其時不在該處者，曾見鄭板橋一聯甲子年書於濰縣官舍，其時實在范縣，有偽石谷老年畫而款題長腳翚字者，有所書年月為幼時或已逝世者，有從未到過該地者，如文徵明畫於武昌，王石谷作於長安，有年號與干支不符者，如隆慶而有癸酉，天啟而有庚申，凡此種種，作偽稍加留意，必不會有此錯誤，因此予以為此皆前人作偽留有隙地，如後人鑒賞，不加研究，便咎由自取，此古人厚道處，不可不表而出之。

一九四四年、……此方友人有以米畫卷出襲……

收藏經驗數則

米友仁《瀟湘奇觀圖卷》

一九四四冬，葉遐翁言有北方友人有小米畫卷出讓，價若干萬，詢予有意否。予瞠目不知所對，因實不知小米為何物也。遐翁乃為詳釋，並言小米畫存世甚少，為不可多得之寶，其意欲予收之，然又恐價高不勝耳。因其時予方於遐翁處得明清書畫數十事，尚不及宋元，遑論米畫。然年少好勝，當即慨然應允。遐翁即書一函介持往見大中銀行王爾藩，代匯聯準票往北京（敵偽時期上海用儲備票，與北方政府幣制不同）。予既如言，然心頗惶怳，緣初次以高價收宋畫，不知所收為何物，亦無照片可觀，但憑遐翁一言耳。一日傍晚，遐翁摺束來云：虎兒卷已來，盼即臨一觀。余赴遐翁處，卷已置案上，一展視間，便覺煙雲滿紙與向所見諸畫大異其趣，不覺神為之往，目為之奪。遐翁復從旁指點，乃得知米畫之面目，畫及後紙米友仁跋俱漶漫已甚，然精神仍在，元明諸跋則俱完整，董思翁跋尤推崇備至。遐翁曰：子今日得此寶，如一炫耀，必馳名海內，各方佳品將薈萃而來矣。

次日潢肆（汲古閣）主人曹君持已裝就之姚公綬《紫芝圖軸》及董思翁《臨右軍三帖卷》來。予頗詫其藝之精，緣姚軸已極破，一經重裱，竟完整如新，此為予初知潢匠對古畫之功效。乃出米卷詢其是否可重裱，以求出新，為米氏淨其面目，而為傳世之珍，彼展視有頃，謂不能，並勸勿再揭裱以免傷畫。予頗沮喪，至今尤歉未能為米老效力也。彼並駭問何來此重寶。予告以遐翁作緣始末，不數日間，訊息乃已遍傳滬上，

（吳）湖帆、（張）蔥玉、和庵（譚敬，1911－1991）、（徐）邦達、（王）季遷諸君俱先後挽人紹介求觀。此為予識諸君之始。

時龐萊翁聞之，懇遐翁作介求觀此卷，遐翁囑持往見萊翁，曰萊翁必有以報，其收藏甲海內，雲林尤佳，且夥，子有米顛不可不知倪迂，予無倪畫，亦頗欲一求觀也。予既至虛齋，萊翁詫予年少，問予年，以二十一對，萊翁大樂曰：予年八十一，君年二十一，正距一甲子，乃有同嗜，可謂有緣。既觀米畫歎賞有頃，曰予收藏夥矣，獨無米畫耳，乃出示李嵩《西湖圖》，趙子昂《竹石小卷》等與觀，予實不甚了了，又詢有所欲觀者否？告以予方入門，願觀所有，並求指點，並告以遐翁語，萊翁曰：異日當盡發雲林畫，邀二君子同觀之。此後旬日，果邀遐翁及予往午膳，至則已張列雲林十二件於室，遐翁乃一一細觀，歷時旬餘，時與萊翁論其優劣，研其真贗，予在旁留心聆教，就所指比較之，詳察之，從知真贗亦參半也。此為予學習鑒賞之始，此後二翁所藏，予各得其尤者數十事，詢翰墨良緣也。

次年米卷既為上海中國畫苑借出展覽，勝利後又為教育部借去南京展覽，逾年又借去台灣展覽，而一時滬上之藏家、鑒家、畫家群相結交，共同觀摩切磋。予遂得以浸淫數十年，樂此不疲，設非當時遐翁以米畫來歸，提高予之興趣，則不知何時方能窺其堂奧也。

文徵明《紅袖高樓》

徵明畫至老年便繁點疊嶺，不若中年筆墨之灑脫挺拔，其《紅袖高樓》一軸為狄平子舊藏，載在《中國名畫》第

二十六集（上海有正書局 1925 年），狄氏藏物早散，廿五年前（1959），予得此軸於香港，尤愛其青綠波色而以焦墨點遠樹，具見功力，照畫筆及題字看來，應為六十歲左右之作。文氏以中年歸老，藝乃大進，此其時也，觀其題詩令予思及唐（王）昌齡〈閨怨詩〉，與有異曲同工之妙，俱先寫時地人，再寫出其心情不知愁之少婦與泛遊之客心俱因景物之好而反添寂寞之感。從知中國畫與詩之關係至為密切，少婦一首是詩中有畫，《紅袖》一畫則畫中有詩，無論是春是秋，是男是女，在樓上或舟中，對垂楊或流水，除景之外，只有情，情一字方能動人心，古今不易，亦惟詩人與畫家乃情感最豐富之人，方能寫出永垂千古之作，畫家取材多用景物，緣寫情最難，非有感應於心，不能出之於手，觀徵明此畫，詩情畫意融於一體，是誠三絕。

王安石《楞嚴經卷》

余既得王荊公手書《楞嚴經旨要卷》，乃檢查作者年份及與題跋者之各種關係。一日忽查得劉恕係卒於元豐元年，而荊公作此卷在元豐八年，似有問題，然而書經之時未必便是道原假經之同時，可能早已假經，因荊公子雱卒於熙寧九年七月，至十年十月罷相，雙重打擊，心境必劣，其時或有寫經為懺之意，然而荊公自題云「余歸鍾山，道原假楞嚴本，手自校正，刻之寺中，時元豐八年四月十一日」，似乎歸鍾山在前，假經在後，然後校正手書卷刻石為元豐八年之事，其時間距離應該不遠，且後跋有牟巘之為南宋末人，跋語有云「元豐八年四月竟罷政而歸，書經乃其時也，繼遂為元祐矣，假本道原即劉祕丞

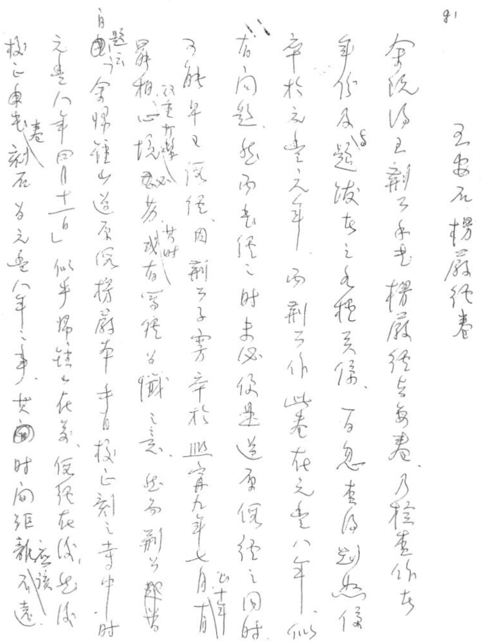

玉安石 楞嚴經書

金陵沙五剃子先生楞嚴經告寫書卷 及程奏竹布

年作巳題波亡之種其偽 百忽書因劉恕後

辛於之壹之年 而剃子作此卷於之辛巳

者向題紐而必彼為道原之因時

可識辛又彼恐因剃子之冀辛於亞事九年七月剃弘

不詭在隱於剃時未必役有寫經者 懷之意 然紐剃與郵

屏相二段假寫寫有寫經 然

自困寄歸雖叁送原楞嚴辛 看辛於剃之寺中時

藏示字歸雜以道原楞嚴率 手校正刻之辛中時

剃巳車� 文壹八年四十六 似半屏以道原亞辰思偽

校巳重光就石 方之壹八辛事 女因时向証祉容不後遠

王南屏手稿·
王安石卷

「恕也」，確定寫經之時間及道原為劉恕，余頗置疑，而無反證，後查劉恕事跡，發現劉恕政見與荊公頗不合，是為司馬溫公一黨，宜無私交可言，如是存疑者數年。及得宋版龍舒本《王文公集》，忽發現集中有贈道原之作甚多，計四十五卷有〈同沈道原遊八功德水〉，四十八卷〈對茶與道原至草堂寺〉，五十七卷〈送道原至永慶院〉，六十四卷〈與道原步至景德寺〉，六十五卷〈與道原遊西庵二首〉，六十九卷〈示道原〉，七十七卷〈對茶堂道原〉，七十九卷〈江口送道原〉，而四十五卷之一首先已寫明為沈道原，則以後諸作品必為送沈道原無疑，至此恍然，所謂道原者實非劉恕，另有其人。乃查《宋人傳記資料索引》，有沈季長字道原，吳興人，徙家真州（江蘇儀真），少荊公六歲，在南京國子監任教授、直講、大理寺丞、天章閣侍講等職，故與荊公歸鍾山後時相過從，至元豐七年荊公捨半山所居為報寧寺，沈道原假楞嚴本與荊公校正刻之寺中，其即報寧寺無疑，而與元豐八年四月之時間亦吻合。而《王文公集》七十九卷〈江口送道原〉一首為最後送道原之作，其時應為元豐八年，因其時沈道原以事謫朝章郎權遣發秀州（浙江嘉興），荊公送之，次年為元祐，四月六日荊公病卒。再次年沈道原亦病卒矣，至此前後各問題

都得清楚解決，亦因之發覺昔人下筆往往不慎，如牟獻之距荊公僅二百年，一時不察，強說道原即劉恕，而七百年來此卷屢經名家收藏，竟未有人指出其誤，亦可歎矣。亦因此知鑒定之道，鉅細不遺，更不能輕信前人所言，必也覆核詳考無誤而後可，千載之下，考訂明白，荊公與兩道原亦當莞爾九泉矣。

與王南屏有關的著述

《明清書畫選集》，南華印刷，1975。

《玉齋珍藏明清書畫精選》，Yale University Art Gallery，1994。

鄭重：《海上收藏世家》，上海書店出版社，2003。

田洪：《王南屏藏中國古代繪畫》，天津人民美術出版社，2015。

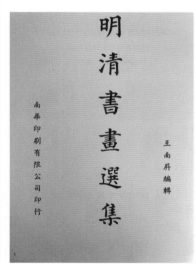

明清書畫選集

南華印刷有限公司印行

王南屏編輯

赤以申紀念之意也。

承　各大收藏家慨借精品印行，不慚為本書增色，更嘉惠士林非淺，敬此誌謝！

南華印刷有限公司，設備優良，技術精湛，凡有印製圖畫之經驗，茲值其創業二十五週年印行此集，

得廣為流傳，俾從面發揚之，實所望焉。

擷其名不彰，但藝術造詣極高之妙跡，傳各作家之藝術風格，及創作特點，能子研究者以正確之認識，並

印明清書畫家六十人之作品，其大要求精彩作品一項，惟內容力求翔實，除大部份為名家之精品外，故懼能先選

行，因收集資料非易，首先要能鑑定為真跡，三則要非習見於各書刊者，故擇能先選

晚近考研中國古代書畫之領域，成，時風寫，參考資料之蘊藏，亦與日俱增，吾人有鑒於此，故有此輯之印

鮮，故中國古代書畫之領域，清藏廣譜。研究者沿襲其間，必感棘棘無斯。

盛於宋、元，變於明、清，畫家四千餘人，能創流派，成大名家者，亦數以百計，書畫繁長名，且為數不

華、錄、造精、草、數千年來，能文者幾莫不能書，而成為大家者，數以百計，繪畫、起自晉、唐、

中華文物，成為世重，書畫、道、與文學關係尤密切，乃更成世學人所珍寶，書法，源遠流長，自

前言

王南屏

王樸仁（1952—2017），出生於上海，四歲移居香港，在香港就讀中小學，1974年畢業於香港中文大學物理系，取得榮譽學士學位，隨後到美國芝加哥大學念碩士博士課程，專攻凝聚態物理，於1981年取得物理學博士學位，跟着在耶魯大學物理系作博士後研究員。

1982年他在謝斯倫貝謝道爾研究中心（Schlumberger—Doll Research Center）任職，研究沉積巖的性質及應用，幫助了解石油透過不同巖石時的行為，及後並任雪佛龍公司（Chevron Corporation）的顧問。1988年他轉到美國麻州大學（University of Massachusetts）物理系當教授，是專門研究凝聚態物質（condensed matter）的實驗家，更是當時新領域軟物質物理學（Soft Matter Physics）的先鋒。他的重要文章「The

王南屏、王樸仁父子，1956年

Statistical Physics of Sedimentary Rock」在 1988 年在物理學的期刊 *Physics Today* 發表。在麻州任教期間，他與同僚學生們在物理學期刊發表頗多文章，很多文章多年後仍被引用，也常被邀到大會演講。

1999 年他主編的物理學書本 *Methods in the Physics of Porous Media*（Academic Press）面世，2000 年被推選為美國物理學會的榮譽會員（Fellow of The American Physical Society），2005 年他被邀至澳洲雪梨的中子散射國際會議作主題演講者（keynote speaker at the International Conference on Neutron Scattering），所以他在物理學界是有相當成就的。

物理學雖是樸仁的本行，他卻與中國書畫結下不解緣，這全起因於他的父親王南屏。王南屏是有名的海上古書畫收藏家，住在上海時與大收藏家葉恭綽為鄰，在葉老的指點提攜下，二十歲左右便開始收藏古畫，也因為受葉老的熏陶，他一直以保存國寶為己任，有十多件他的重要藏品都於五十年代回歸到故宮博物院，他的遺願「送王安石回家」在他死後亦得兌現，1985 年《王文公文集》和《宋王安石書楞嚴經旨要卷》都捐獻給上海博物館。

由於父親早逝，為了照顧母親及兄弟，樸仁便一直在處理父親遺留下來的畫件，慢慢地他對中國古代書畫的歷史及畫家有了個概念，而且興趣漸濃。於九十年代他又協助家人與耶魯大學合作舉辦「玉齋展覽」，展出王南屏遺留的明清書畫，並出版了《玉齋珍藏明清書畫精選》（Yale University Art Gallery, 1994）。這些經驗都對他日後研究中國書畫大有裨益。

樸仁對父親的鑒賞眼光甚為欽佩，由於思念父親，他動

了研究中國古畫的念頭。雖然他在大學的教職是終身的，但他決定在 2007 年便自大學榮譽退休，開始集中精力研究中國古畫，並嘗試理解父親王南屏的收藏經歷。

自退休後，經過多年的自學探討，廣交文化人及親臨博物館和拍賣場增廣見聞，他對古代書畫已有相當充沛的理解和學問。2013 年他發表了一篇學術性的文章〈柯九思卒年重考〉（香港中文大學中國文化研究所學報，7 月版）。2014 年古代書畫拍賣出現了一件頗受人爭議的拍賣品《功甫帖》，他曾在拍賣現場看過拍品，其後便寫了〈《功甫帖》的一些科學辨證問題〉一文於中國東方早報發表，中國文物報也有轉載；他用的審查角度與一般藝術史學家有點不同，顯得格外有價值。

此後他費了多個寒暑，蒐集及鑽研父親的舊藏和遺留畫件，細心追索年少時家中父親的書畫買賣、父親與買賣家的往來關係，再加上父親遺稿，寫了《玉齋鑒藏記 —— 王南屏先生事略》，向大家介紹父親的生平、收藏經驗及心得，希望對中國古代書畫界作一些貢獻，可惜書仍未出版便遽然逝世，此書是根據他的遺稿在他離世後才完成的。

樸仁是個很好的父親，常常鼓勵兩個女兒追求自己的理想。他也是個典型的學者、思想家，很有理想，治學嚴謹，孜孜不倦，也常以愛心待人，朋輩們都在懷念他。

王樸仁主要著作

柯九思卒年重考，published by the *Journal of Chinese Studies*, The Chinese University of Hong Kong, July 2013, Number 57.

《功甫帖》的一些科學辨證問題，東方早報，2014 年 7 月 2 日。

關於《功甫帖》一些問題的科學辨證，中國文物報，2014 年 7 月 1 日。

The statistical Physics of sedimentary rock, *Physics Today*, December 1988, American Institute of Physics.

Methods in the Physics of Porous Media, 1999, Academic Press.

編後記一

　　讀着樸仁的文稿，我十分感動。他寫這本書的一個目的就是要多了解父親，他真的做到了！小時候他與父親有點隔膜，因為家中六兄弟姊妹中他排行第五，而父親又經常不在家，所以與父親沒建立什麼特別關係，但是後來在六十年代中後期，他的兄長、姊姊和弟弟都相繼出國讀書，剩下他一個人在家，做了父親的左右手，辦事謹慎得力，深得父親的信任，很幸運的能與父親重建父子感情，在美國念研究院時也與父親書信往返，保持緊密的聯繫，很可惜父親八五年突然離世，令他在傷心之餘，還多了一份失落，但他對父親的惦念就從未停止過。

　　父親過世後，為了給母親籌備生活費用，樸仁第一次接觸到父親遺留下來的書畫，幾年後家人又與耶魯大學合作，舉辦玉齋展覽，並出版了《玉齋珍藏明清書畫精選集》，此期間樸仁參與策劃，貢獻良多，正好為他奠下日後研究中國書畫的基礎。

　　很多人踏入退休年齡，都有興趣去尋根。樸仁也不例外，他要尋的與他別離了二十載的父親。樸仁在香港中文大學畢業後即負笈海外，在芝加哥大學拿了物理學博士學位後即在工業界從事研究工作數年，隨後在麻州大學教授了近二十年，但他斷斷續續的仍然與書畫結下不解之緣，而且興趣漸濃，有意提早退休轉行鑽研書畫，但又不確定這個選擇是否可行，於是他就先來個半退休，一年中一個學期在大學任教，一個學期去見識中國書畫領域，除了去博物館看展覽外，還到拍賣會學習；還記得有一次我們在酒店房間透過網上競投，成功投得一畫件，很有趣，他說：「爸爸說競投時不能露面。」2007 年樸仁正式自大學退休，與此同時，就開始了另一類的研究生涯。

樸仁有過人的記憶力、敏銳的感性、精細的分析能力，是個標準的學者、思想家，喜歡探討、研究和寫作。他希望寫一本關於父親收藏書畫的書。家中有些父親遺留下來的藏品，那是最好的資源，至於父親的舊藏，他倒是茫無頭緒，因為家公沒有留下記錄，也沒有書籍記載，博物館記錄也不全，剛好聽說故宮博物院正在出版《中國古代書畫圖目》，他便到商務印書館費兩三年時間把《圖目》陸續買回來，不厭其煩地尋找有父親印章的畫件，居然給他找到十多件，真佩服他的毅力。我想由這時開始，他亦體會到父親的收藏力量，家公有那麼多的舊藏都被收進故宮，那是很不容易的。除故宮博物院外，他亦到上海博物館查詢，他們記錄有七十三件，不但找到了，還邀他到館內觀賞，他看罷後一直讚不絕口，除了眼界大開之外，也欽佩父親舊藏的豐富及精選。父親錯失的趙孟頫《妙嚴寺碑大字卷》後來也在普林斯頓大學藝術館看到了，另外一些賣給弗利亞藝術館的舊藏亦有機會一飽眼福。

　　接着下來就是研究每張畫的來龍去脈，為了做研究，他廣購書籍，家中的書藏儼如一個小型圖書館，有時也在大學圖書館外借書籍，遠在日本、夏威夷、香港圖書館的書都能找來參考。如是者他每日大部分時間就用在研究上，每有發現便欣喜不已。

　　由於父舊藏甚豐，在寫書時他選擇其中之佼佼者，再加上一些家中現存畫件。樸仁的手稿是在他離世後我才首次讀到，但它的內容卻是我們的家常話，不過到現在才知道每篇故事在稿中的安排，看着看着，就感到他在和我說家常了。

　　這本書是維繫了兩代人的關係，父與子一起在論畫，父親

• 279

提供了題材，兒子做好了功課，是二人共同合作的成果。字裏行間，透露着樸仁對父親的愛慕和欽佩，而最終，他也以研究書畫再度去觸摸着父親的心，了解父親的生平及收藏，到這時候，父子倆就再也沒有什麼距離了。看到樸仁這成果，我禁不住為他雀躍，為他驕傲。

家公在世時，為了應敏求精舍及求知雅集邀請演講而寫下有關收藏鑒定的文稿，可惜未有機會出版。樸仁欲出書表揚父親的收藏眼光和成績，與外界分享父親的收藏心得，很不幸書未能面世便遽然辭去，我這個對中國書畫完全外行的家庭主婦突然間肩負重任，只好戰戰兢兢，任重以負，務要把樸仁的遺稿出版，冀能達到兩代人未完成的使命，那我亦無任欣慰矣。

樸仁遺孀肖蘊寫於二〇一九年

我爸爸是一位終生的老師和學生，還是一位敬業的父親和兒子。作為一個物理學教授，他研究及教導他喜愛的物理學。作為一個父親，他教了我們很多東西，但最重要的是教我們凡做任何事，都要有激情，要堅持，並信任／相信自己。他自己的生活就是最好的例子：他熱愛生活，遇到障礙和挑戰，他都按着一己的信念很有耐性地應付，遇到家人及有幸認識他的朋輩們有問題時，他總是主動地提供解答，給予非常熱烈的鼓勵和支持。

就像許多父母一樣，爸爸鼓勵我們在學校裏有好成績，另一方面，他亦以身作則，諄諄教誨我們要尋找及追隨我們熱愛的事情 —— 那些能引起我們激情的事情。爸爸做大學教授並不是為了錢，而是他真的很喜歡物理學和教學（他和祖父有個共同的信念：他們都相信在培養一個孩子獨立能力的時候，多給他們金錢反而對他們有害）。但到他退休之後，我才認識到他有另一個更深切的激情 —— 中國藝術。在我們的記憶中，每逢周末或夜深時，只要他能騰出時間，他仍會埋首閱讀中國書畫，非常沉醉；我們舉家渡假時也要前往參觀博物館和拍賣會。當爸爸沒有雜務纏身時，我就能看到他在研究中國繪畫時帶給他的亮光和喜悅。他簡直像個學生有新發現般，興趣盎然，樂在其中，我從未見過他如此開心及忙碌。雖然我相信研究中國書畫是他與父親聯繫的途徑，但他一定也會因為不能直接與父親討論而感到痛苦。但無論如何，能夠追隨父親的腳步，他應該感到寬慰，也許有時還覺得父親在看顧着他、引導着他呢。

爸爸憑着他那百折不撓的精神及強烈的自信，在研究書畫

時有了新發現，在同行評審期刊上發表論文（這是他從未在學校學過的學科），並慢慢開始自己的收藏。一旦爸爸有了一個理論，一個想法，或一個要解決的謎 —— 通常涉及畫件的真贋 —— 他會不厭其煩地找到他想要尋找的答案，通常最後都證明他是對的。當他研究中國畫時，他運用的是他作為物理學家所練就的佐證和邏輯規則，一點不苟且。我的爸爸是一個真正的終身學者 —— 憑着他敏銳的直覺和感性覺得他需要的書籍、人和畫件。

在他的一生中，爸爸對於什麼是對是錯，公平和不公平都有強烈的反應。他曾經歷過被歧視的事例，但他堅持不懈，有機會就會毫無保留地幫助受到不公平待遇的人們。小時候，我不大明白為何他會那麼在意公平與否這回事，更惶論欣賞，但現在我成長了，才衷心感激他灌輸給我那種對不公平行為的不能容忍的態度⋯⋯還有那激情和堅持。我爸爸一直都說錢不是最重要的，尤其是遠遠不及把你的生命致力於給你關心的事情那麼重要，所以我為非營利組織工作，在這職業生涯找到了激情和滿足感，致力幫助那些不如我幸運的人。

爸爸多年來一直堅持追尋和了解爺爺的收藏歷史，他對這事的熱忱和對爺爺的欽佩都在他的遺稿裏表現無遺。我們當然很渴望在以後幾十年裏他能繼續與我們分享他的故事和智慧，但這是不可能了（我們可以想像當年他驟然失去父親時的痛苦），我們只能永遠感激他傳授給我們的教導和價值觀。

女兒王樂怡、王秀怡寫於二〇一九年

王樸仁 —— 著

玉齋鑒藏記

王南屏先生事略

總 策 劃　趙東曉
責任編輯　許　穎
裝幀設計　高　林
排　　版　楊舜君
印　　務　劉漢舉

出版　　中華書局(香港)有限公司
　　　　香港北角英皇道 499 號北角工業大廈一樓 B
　　　　電話：(852) 2137 2338　　傳真：(852) 2713 8202
　　　　電子郵件：info@chunghwabook.com.hk
　　　　網址：http://www.chunghwabook.com.hk

發行　　香港聯合書刊物流有限公司
　　　　香港新界大埔汀麗路 36 號
　　　　中華商務印刷大廈 3 字樓
　　　　電話：(852) 2150 2100　　傳真：(852) 2407 3062
　　　　電子郵件：info@suplogistics.com.hk

印刷　　美雅印刷製本有限公司
　　　　香港觀塘榮業街 6 號 海濱工業大廈 4 樓 A 室

版次　　2019 年 12 月初版
　　　　© 2019 中華書局(香港)有限公司

規格　　16 開(230mm×152mm)

ISBN　　978-988-8674-01-5